五木寛之
佐藤 優

異端の人間学

GS
幻冬舎新書
387

まえがき

人生にはさまざまな巡り合わせがある。私の人生観、世界観を形成するにあたって、強い影響を与えたのが一九八七年八月から九五年三月までのロシアでの生活だ。この間、私はモスクワの日本大使館政務班に勤務した。赴任時点で、この国は、ソヴィエト社会主義共和国連邦という名前だった。この国の名前には、民族を示唆する言葉がない。ソ連は、民族を超克する共産主義という新しい体制を志向していた。離任する時点で、この国の名前は、ロシア連邦に変わっていた。一九九一年一二月にソ連が崩壊したからだ。

日本の外交官は、通常二〜三年でポストを異動する。私が七年八カ月間、モスクワに勤務したのは異例の人事だった。理由は簡単だ。私が、ロシアの大統領府（クレムリン）、首相府、議会、科学アカデミーなどに独自のネットワークを構築し、この人脈を維持するためには、私をモスクワに置いておいた方がいいと外務省幹部が判断したからだ。

一九九五年四月に日本に帰国した後も、モスクワをはじめロシア各地に頻繁に出張するようになった。一九九七年一一月、シベリアのクラスノヤルスクで橋本龍太郎《はしもとりゅうたろう》首相とエリツィン大統領が会談し、二〇〇〇年までに北方領土問題を解決するために全力を尽くすと約束（「クラスノヤルスク合意」）した後、二〇〇一年四月に小泉純一郎《こいずみじゅんいちろう》政権が成立し、田中眞紀子《たなかまきこ》氏が外相に就任し、日露関係が停滞するまで、平均すれば月一回はロシアを訪れていた。

もっともこの突出した活動が、鈴木宗男《すずきむねお》疑惑の嵐に巻き込まれ、二〇〇二年五月一四日に私が当時の職場であった外務省外交史料館で、東京地方検察庁特別捜査部によって逮捕される原因をつくり出した。「出る杭《くい》は打たれる」と言われるが「出すぎた杭は打たれない」という経験則をロシアで私は身につけていた。

極端なくらい仕事にのめり込む人間は、日本よりもロシアの方が多い。私のカウンターパートだったロシアの外務省、SVR（対外諜報庁）の日本専門家たちは、士気も能力も高く、この連中には負けたくないと歯を食いしばって頑張った。時にはロシアのカウンターパートを飛ばして、クレムリンに直接働きかけることで、交渉を日本側に有利に進めようとした。「佐藤、お前、よくも裏から手を回したな」とロシアの外交官やインテリジェンス・オフィサーから文句を言われたことも何度かある。しかし、こういうロシア人たちは、私にプロとしての敬意を払っていた。この種のロシア人たちと付き合ううちに、いつの間にか私の感覚もロシア人的になっていた。日本では「出すぎた杭は抜かれる」という現実を東京拘置所の独房で認識した。

しかし、逮捕、起訴され、七年間、裁判を抱え、二〇〇九年六月三〇日、最高裁判所で上告が棄却され、二年六カ月の執行猶予付懲役刑が確定し、外務省を失職し、その後、執行猶予期間を満了する二〇一三年六月三〇日まで海外旅行ができなかったというマイナスを総合しても、私はロシア人と深く付き合うことができたので、悔いはない。

あまり上品な言葉ではないが、「バルダック」というロシア語がある。「売春宿」とか「大混乱」という意味だ。ソ連崩壊前後のロシアは、まさに「バルダック」だった。その中で、あの国に住んでいるロシア人、ウクライナ人、タタール人、グルジア人、ユダヤ人など、普通の人々（リュージ）はたくましく生きていた。そこから、私は多くのことを学んだ。私は、ロシアに勤務すれば、その地の人々と深く付き合うことになるだろうという予感が何となくしていた。外務省の同僚たちは、東西冷戦という色眼鏡を通じてソ連とロシア人を見ていた。これに対して、私は別の色眼鏡を通じてロシアを見ていた。それは、「五木寛之という色眼鏡」だ。

中学二年生（一九七三年）のときに私は『蒼《あお》ざめた馬を見よ』を読んだ。東西冷戦の中で、西側インテリジェンス機関が、ソ連の反体制作家ミハイロフスキイが「蒼ざめた馬」という反ソ小説を書いたという話をでっち上げる。この工作に正義感が強い日本人新聞記者が利用される。ソ連のカウンター・インテリジェンス機関は、その全貌をつかむが、真相を明らかにしない方が得策であるという判断をする。そして、ミハイロフスキイ自身が、この作品は自分が書いたものではなく、作品の仕上がりも不十分であるが、このような作品をロシアの作家の誰かが書くべきであった、このような作品を書かなかったが故に、罪を引き受けなくてはならないと決意する。この話を中心にソ連のユダヤ人問題と、太平洋戦争直後、ソ連軍進駐下の北朝鮮で、日本人記者が少年時代に経験した記憶が重なる。ソ連・ロシアを担当する外交官になって、五木氏が『蒼ざめた馬を見よ』で描いた世界は、現実とそれほど掛け離れていなかったことを実感した。

私が職業作家になって今年でちょうど一〇年になる。外交官のときもそうだったが、一〇年間、一つの仕事を継続していると、自分が取り組んでいる事柄の全体像が見えてくる。私は「人間とは何か」という問題に関心がある。人間について深く知るために、普段はキリスト教神学やマルクス経済学を援用しているのであるが、今回はロシアを切り口に人間について、五木氏と正面から語り合うことができた。とてもうれしい。人間力をつけるための究極の実用書として、本書を活用していただきたい。

本書を上梓《じょうし》するにあたっては、幻冬舎の相馬裕子さん、石原正康さん、志儀保博さん、大島加奈子さんにたいへんお世話になりました。どうもありがとうございます。

二〇一五年七月一一日　奈良県吉野町にて

佐藤　優

異端の人間学

目次

第一部　人間を見よ

第二部　見えない世界の力

第三部　詩人が尊敬される国

構成・協力　斎藤哲也
図版作成・ＤＴＰ　美創

第一部　人間を見よ

本質をつかめなくなった日本人

五木　哲学者の森信三《もりしんぞう》（一八九六〜一九九二）さんが「人間は一生のうち逢うべき人には必ず逢える。しかも一瞬早過ぎず、一瞬遅過ぎない時に」という言葉を残しています。佐藤さんとはこれまでけっこうニアミスを繰り返しているのに、なかなかお目にかかる機会がありませんでした。それが、昨年（二〇一四）のウクライナ危機が尾を引いているような状況で、こうやってお話ができるというのは、まさに会うべきときに会ったという気がしますね。

ただ、佐藤さんは博覧強記ですごい勉強家だから、僕なんかで対《つい》の話ができるのかと、ちょっと気が引けるところがあった。僕は実践派というか、直感にまかせて現実へ潜っていく方ですので。それでもお話しをしてみたかったのは、博覧強記の佐藤さんと、実践派の僕の両方の話がぶつかれば、読者が、ロシアというものを重層的に理解できるヒントになるんじゃないかと思ったから。

佐藤　お会いできて光栄です。五木さんとは何度もニアミスしていて、たしか松岡正剛《まつおかせいごう》（一九四四〜　）さんのブックパーティのときにご挨拶したのが最初の対面だったと思います。私自身も、五木さんとじっくりお話しできればと願っていました。というのも、私は五木さんの物事を見る方法論というか洞察力の秘密になんとか迫りたいと思っているからです。

ウクライナ危機やロシアとアメリカの関係悪化に象徴されるように、国際社会の中でのロシアの存在感はよくも悪くも高まる一方です。そういう時代に、ロシアという国やロシア人のものの考え方を知ることは、知識人にとって欠かせない教養のはずなのに、そこがすっぽりと抜け落ちてしまっています。

ではいま、ロシア人の本質を誰が教えることができるのかといったら、五木さんだと思うんです。デビュー作の『さらばモスクワ愚連隊』（一九六六）をはじめ、『蒼《あお》ざめた馬を見よ』（一九六七）などを読むと、ロシア人の本質が見事に描かれています。『さらばモスクワ愚連隊』を書く前に、五木さんはソ連に旅行に行っているわけですが、その経験の中でいったいどうしたら、そういった洞察力を発揮できるのか。その知恵を後に続く世代に伝えていくことが、私の課題なんです。

五木　ウクライナの問題は後からじっくりお聞きしたいと思うのですが、ロシアは、これからの二一世紀、二二世紀で最も注目しなければならない国家だと思います。アメリカの資本主義がどういう展開を見せるかはわからないけれども、アメリカが自分のシステムの崩壊を防ぐためにありとあらゆる努力をしていく過程で、おのずとロシアの存在感を浮かび上がらせていくことになるでしょう。

ところがそういう時代であるにもかかわらず、日本人のロシアやロシア人に対する関心は、現在、史上最低といっていいほど薄れているように感じます。いまや大学でもロシア文学科は絶滅危惧種のようになってしまっているらしい（笑）。

佐藤　そうですね。ヨーロッパでは、ロシア語を勉強する人やロシア文学専攻者は増えているぐらいですから、日本だけがロシアへの感度を下げている印象があります。

五木　日本とロシアの人的交流も以前に比べるときわめて少ないみたいだ。僕自身は若いころ一応ロシア文学を齧《かじ》った時期があり、一九六〇年代半ばにモスクワを訪れて一篇の物語を書きました。当時、反ソビエト的な作品という理由で、その後しばらくは出入り禁止になってしまった時期もあったのです。世代的には、五〇年代初期の学生時代にスターリン主義的な精神形成を受けた世代で、世の中の全体的な空気としてはソビエトに対する偏った幻想がありました。その後、スターリン批判によって当時の我々が持っていたソビエト観が崩壊し、さらにその後のペレストロイカで二度目の崩壊をした。そういう時代を経てきたのです。

佐藤さんは、戦後から現在にかけての日本とソ連、あるいは日本とロシアの関係をどう見ておられますか。

佐藤　経済の面でいうと、意外なことに一九五〇年代から六〇年代にかけて、日本とソ連は非常に接近していたんです。この時代は、日本で漁業のウェイトが高かったころです。それからだんだん疎遠になっていきましたが、八〇年代のペレストロイカのころは、人的な交流は盛んでした。その後、一九九二年にエリツィン（一九三一〜二〇〇七）大統領が訪日をドタキャンして、それ以来冷めていったように見ています。政治の世界での首脳会談と世間一般の感覚は、関係がないように見えて、意外と関係があるんです。あのドタキャン以降、とにかく政治家が来なくなりました。そして政治家が来なくなると、経済人も文化人も来なくなるんです。

五木　ロシアの専門家や学者も、どんどん層が薄くなっているような感じがした。

佐藤　確かにそう思います。「脅威としてのロシア」という感覚が薄れてくると、安全保障の分野でロシアの専門家が減ってくるんです。そういう人たちは現在ですと、中東や中国にシフトしています。一方で、ロシアに憧れる人も減っているので、脅威と憧れの両面において専門家が減っているんです。

でも、日本とロシアは隣国です。国は引っ越すことはできませんから、隣国である以上、コンスタントに専門家をつくらないといけません。そういう点で、コンスタントにロシアの専門家をきちんとつくっているのは、イギリスです。私が学んだ陸軍語学学校もそうでした。

イギリスは、ロシアは怖い国なんだということをいつも国民に伝えるようにしています。たとえば、二〇〇二年から二〇一一年までBBCテレビで放送された『スプークス(Spooks)』というものすごい人気ドラマがあるんです。日本でもインターネット動画などで『MI-5 英国機密諜報部』とタイトルを変えて放映されています。

「スプークス」は英語で「幽霊」という意味で、それから転じて秘密警察のことを指すんです。このドラマを見ていくと、後半のパートでソ連やロシアの脅威が全面的に取り上げられる。ロシア語の会話シーンが頻繁に登場して、ロシアはものすごく恐ろしい国で、イギリスの破壊を常にもくろんでいるという内容がストーリーに組み込まれるわけです。そうやってロシアが脅威であることを刷り込むと同時に、だから人材をつくらないといけないという意識をイギリスは常に持っているんですね。

ロシアに関する知的な資源が乏しくなると、時代の見方や世界の見方を曇らせることにもなりかねません。だから、読者がロシアに少しでも関心を持ってくれるように、この対談では五木さんからたくさんのヒントを引き出してみたいんです。

ロシアに対する愛憎二筋

五木　ロシアということでお話ししますと、僕には、ロシアに対して意識下に愛憎二筋という気持ちがあるのかもしれません。

僕は中学一年の夏、現在の平壌《ピョンヤン》で敗戦を迎えました。そしてやがて平壌にはソ連軍が進駐してきました。それからしばらくは、未体験の日々が続いた。家も接収されて、多くの日本人は倉庫のようなところに集まって暮らしたのです。

そこへソ連兵が自動小銃《マンドリン》提げて乗り込んできて「マダム・ダヴァイ《女を出せ》」となる。人身御供《ひとみごくう》のように押し出された女性が、明け方にボロボロになって帰ってきたり、こなかったりもした。ですからソ連兵に対する憎しみを心の底から抱いていました。

しかし、こんなことがあったのです。ある日の黄昏時《たそがれどき》、敗残兵のような恰好をしたソ連兵たちが四列縦隊《じゅうたい》になって歩きながら合唱するのが聞こえてきた。それがなんともいえない哀調を帯びた歌で、しかも自然と重層的な合唱になっている。それまで僕らは、みんなで大声で一つのメロディーをうたうことしか知らない。ですから、その合唱は、もう天上の声を聞いたような気がしましたね。そのときに、あのケダモノたちにこんな美しい歌がうたえていいのかと、なんともいえない複雑な疑問を感じたものです。

その引き裂かれた状態の中で九州へ帰ってきて、のちに僕が「ロシア文学科へ行きたい」と言ったら、父親が「ロシア人は母さんの敵《かたき》だぞ」とぽつりと言った。ですから、ロシアに対する愛憎二つの気持ちをいまに至るまでずっと引きずり続けている。

佐藤　五木さんの平壌での体験を聞いて、『捕虜《ほりよ》大隊　シュトラフバット』というテレビ映画のことを思い出しました。この映画は、ロシア人のものの考え方を知るのに格好の題材です。二〇〇四年にロシアで放映されて非常に話題になり、日本でも字幕付きのDVD-BOXが発売されています。

タイトルになっている捕虜大隊というのは、「囚人部隊」や「懲罰《ちようばつ》部隊」といわれている部隊のことです。ソ連の囚人部隊というのは、半分がドイツ軍の捕虜になって逃げ帰ってきた人たち、四分の一はトロツキストやブハーリン主義者など、一九二〇年代、三〇年代の粛清裁判で反スターリン派にされた人たち、そして残りの四分の一は殺人犯や強姦《ごうかん》犯、一般の刑事犯罪人です。階級章は剝奪《はくだつ》されていて、戦争ではスターリン（一八七九～一九五三）から一歩も後ろに引くなという命令を受けている。もし下がったら、後ろに控えている正規部隊から撃ち殺される。こういう囚人部隊がスターリンの秘密命令でつくられました。

映画は、対独戦線でソ連軍兵士たちがドイツ軍の捕虜になる場面から始まります。ドイツ軍の将校は捕虜に対して、寝返ってソ連と戦うように持ちかけますが、主人公のソ連軍少佐は拒絶して銃殺されそうになる。でも急所を外れたので、瀕死《ひんし》の体でなんとかソ連軍に戻るんです。

ところが戻っても、「ナチス・ドイツから逃げられるはずがない」とスパイの嫌疑をかけられ、銃殺になるか、囚人部隊の兵士たちを率いて戦うかの選択を迫られ、主人公は囚人部隊の方を選ぶんです。

囚人部隊はソ連崩壊までは存在しないものとされ、歴史から完全に消し去られていました。彼らはろくに食事も与えられず、地雷原の突破など最前線での危険な仕事をさせられた。満州や北朝鮮にソ連兵が来て、大変な狼藉《ろうぜき》があったという五木さんの話は、まさにソ連軍のやり方で、おそらく囚人部隊が一番最初に来ていたんでしょう。

五木　いまの映画の話を聞くと、すこし後からやってきたスメルシュのことをどうしても思い出してしまいます。スメルシュというのはスターリン直属の防諜《ぼうちょう》部隊で、本来、数百万人といわれるドイツ軍の捕虜になったソ連兵や、レジスタンスに入りこんできているスパイなどを取調べる組織ですが、当時はなんでもありの時代ですからね。ちょっとでも裏切りや軍紀違反の疑いがある連中は片っ端から処分していく。それでやっとソ連兵の暴行もおさまった。

佐藤　この映画にもそういうシーンがたくさん出てきます。読者のために解説しておくと、ロシア語で「死」のことを「スメルチ」といいます。スメルシュというのは、「スメルチ・シュピオナム（スパイに死を）」の頭の文字を合わせた言葉です。スメルシュは、組織的にはＫＧＢ（国家保安委員会）の前身であるＮＫＶＤ（内務人民委員部）に所属していますが、裁判なしに脱走兵やドイツ軍に寝返った兵士を処刑する権利を持っていますね。

五木　ソ連兵にとって怖いのは二つあって、敵兵が一つと、それからもう一つはスメルシュ。彼らに比べれば、日本の憲兵とかソ連の秘密警察も大したことはない。スメルシュはその場で射殺する。街頭で殺しっぱなしで死体も片付けない。

平壌で、僕はスメルシュの恐ろしさを目《ま》の当たりにしました。先ほど話したように、敗戦後、平壌にソ連軍が入ってきたときは、一週間か一〇日ぐらいの間、チンギス・ハン（一一六二?～一二二七）の軍勢がヨーロッパを襲ったときのようなありさまでしたから。

でもそれが一週間ほど経つとぴたっと止まった。なぜかというと、スメルシュがやってきて、街頭で片っ端から無頼《ぶらい》の兵士連中を処刑したからです。

ですからわれわれも、ソ連兵に女性が連れ去られようとしているときは、誰かが「スメルシュが来た！」と叫ぶ。そうすると、ソ連兵があわてて逃げていくんです。そのぐらいスメルシュというのは、おそろしい存在だった。

佐藤　今年三月に亡くなった吉野文六《よしのぶんろく》（一九一八〜二〇一五）さんという人についての本を昨年出しました。吉野文六さんは、沖縄返還の際に日米で密約が存在したことを明らかにした外交官ですが、彼はちょうどナチスが崩壊したときベルリンにいたそうです。そこで驚いたのは、ソ連の政治将校（コミッサール）がやってきて、言うことを聞かないソ連兵をその場で射殺したことだったと語っていました。

五木　対独戦には勝ったけれど、もともとロシア人の中には抜きがたいドイツ・コンプレックスがあるような感じがしますね。

だからロシアの映画でも、ドイツの将校はビシッと決まった姿で描かれているし、ドイツ人の捕虜に対する態度と日本人の捕虜に対する態度は全然違う。
ドイツ人が揶揄《やゆ》的に情けなく描かれた映画ってあまりないですね。敵ながら格好よく描かれている。

佐藤 せっかくソ連兵の話が出てきたので、本を一冊紹介させてください。ノーベル賞作家ショーロホフ（一九〇五～一九八四）の『人間の運命』です。私はこの本を中学生のときから何度も読んできて、ロシア人のものの考え方や感覚を知るためにはうってつけじゃないかと思うんです。

主人公のアンドレイは、第二次大戦時に出征し、ドイツ軍の捕虜になってしまう。隙を見てナチス・ドイツの収容所から脱走し、帰還しますが、戻ってみると妻も子供もドイツ軍の爆撃によって死んでしまっている。赤軍《せきぐん》の将校になった息子も最後は戦死して、結局、アンドレイ一人しか生き残らない。

戦後、アンドレイはトラックの運転手をしながらすさんだ生活を送るんですけど、ある日、カフェ、日本語では喫茶店と訳されることが多いのですが、酒も出る軽食堂といった感じですが、その隅に座っている戦災孤児を見つけて、「俺は――お前の父さんだよ」とうそをついて保護するんです。

このシーンを読むと、ソビエト愛国文学のような体裁を取りながらも、国家や政府に頼ることができず、信用できるのは具体的な人間だけだというロシア人の人生観が非常によくわかります。

もう一つ付け加えると、私は一九八八年から九五年まで在ソ連・ロシア日本大使館に勤務して、この短編小説がなぜロシア人の心を打つかがようやくわかったんです。外国人にはわからないんですが、ロシア人ならば誰にでもわかる。それは作品の中で「書かれていない部分」が重要なんです。

アンドレイはドイツ軍の捕虜になってしまう。ドイツ軍の捕虜になったソ連の将兵は、帰国後、ほぼ例外なく、強制収容所に送られました。スターリンが捕虜になった将兵を裏切者と考えたからです。

この小説は、ソルジェニーツィン（一九一八〜二〇〇八）の『イワン・デニソビッチの一日』と同じころに書かれていますが、『イワン・デニソビッチの一日』と違って、いわば空白として強制収容所を描いているわけです。それがわかるから、ロシア人はこの作品を読んで感動するんですね。すごく短い小説で、三〇分もあれば読めるので、ロシア人というものを知りたい人はぜひ読んでみることを勧めておきます。

ロシア人の内面世界と『さらばモスクワ愚連隊』

佐藤　もう少し小説の話を続けると、先ほどのロシア人に対する五木さんの複雑な感情は、五木小説にも見事に描かれているように思いました。

　たとえば五木さんの出発点となった一九六七年刊の『さらばモスクワ愚連隊』を読むと、ソ連崩壊を予感させるシーンが見事に書き込まれています。それは、ダンチェンコというKGB職員が黒人ブルースの「奇妙な果実《ストレインジ・フルーツ》」を聞いて、思わず魂がゆさぶられているシーンです。ダンチェンコは、ソ連対外文化交流委員会の部長であり、ソ連の公式イデオロギーからすれば、ジャズやブルースなど芸術と認めるわけにはいかない。でも、彼は元ジャズピアニストの主人公が弾く「奇妙な果実」を聞いて涙を流している。その部分を引用させてください。

「それは何という曲ですか？」

ややあって、背後でダンチェンコ部長の声がした。

「黒人のブルースです」

と私は言った。「これは何でしょう。芸術的音楽でしょうか、それともボリショイ劇場ではやれない単なる娯楽的音楽でしょうか」

私は振り返って部長を眺めた。そして、この頑強《がんきょう》な男の目から涙がこぼれ落ちそうになっているのを見てひどく驚いた。彼はあきらかに感動を押さえかねていた。

「それはジャズの一種ですね」

と彼はハンカチを取りだしながらきいた。

「そうです」と、私はうなずいた。

ダンチェンコ部長はハンカチをしまうと無言でドアに歩みより、ちょっとの間こちらに背を向けたまま、じっと立っていた。だがやがてしゃんと背筋をのばすと、部屋を出て行きながら振り返って言った。

「それはやはり娯楽的音楽です。では、また」

こういうロシア人たちが、八〇年代末から九〇年代初期にかけてソ連崩壊で重要な役割を果たします。そんなソ連官僚の内面世界を見事に捉えているところに驚かされました。

ソ連で主人公を迎える日本人官僚の白瀬二等書記官も、確かにこういう人が現実世界にいるんです。白瀬は、東大受験に始まって外交官試験に終わるような青春を送っていたと自分で語っていますが、彼の唯一の道楽は『ブルースの誕生』というラジオ番組を聞くことだったと。

ダンチェンコにせよ、白瀬にせよ、体制の中にいながら、どこか人間臭いところを持っている。そういう重層性が見事に描かれていると思いました。

この小説は別の意味でも、思い出深い一冊です。私の手元にある『さらば　モスクワ愚連隊』は、一九七九年初版の角川文庫バージョンです。じつはこの年は、私が大学に入学した年でもあります。

写真説明

1965年春、作者（注：五木寛之、中央）32歳の時。モスクワのライブハウス「青い鳥《シーニャヤ・プチーツァ》」の店内にて（作中では「赤い鳥《クラースナヤ・プチーツァ》」となっている）。向って右側が、「さらば モスクワ愚連隊」に登場する少年のモデル、ミーシャ。左の少年はドラマー志望。このソ連・北欧旅行の半年後に、本編は執筆された。

出所：『さらば モスクワ愚連隊』五木寛之、角川文庫、1979年刊

この文庫版には、扉の横に、モスクワで撮った五木さんの写真が一枚載っていますね。場所は「青い鳥（シーニャヤ・プチーツァ）」というレストランで、作中に出てくる「赤い鳥（クラースナヤ・プチーツァ）」のモデルとなっているところですね。五木さんはロシアの若者二人に挟まれていて、右側には作品に出てくる少年のモデルであるミーシャがいる。

なにげない一枚の写真ですが、これはたぶん五木さんからの強烈なメッセージだったんじゃないかと想像しています。おそらく最初に小説を発表したときに、つくり話だという批判があった。それに対して釈明をせずに、扉に写真を一枚だけ載せて、こういう場所や人物は実在するんだということを暗に示された。五木さんらしい抗議だなと思うとともに、短期間の旅行の中で、よくこういうソ連社会の隙間を見つけられたなと、大変な感銘を受けました。私はこの作品の影響を強く受けて、一九八七年にモスクワに行ったとき、まず小説の中に出てくるモスクワの競馬場に行ったんです。

五木　へえ、そうですか。八七年というと、僕が行ったときの二二年後ですね。旧ゴーリキー通りをずっと歩いていった先の競馬場？

佐藤　そうです、そうです。すごかったのは、まだ日本じゃ馬券なんてコンピュータ化されてないのに、ロシアでは完全にコンピュータ化されていました。
五木　僕が行ったときは、当然そこまで近代化されていなかったけど。
佐藤　しかも三連で当てないといけないので、すぐに配当が二〇〇〇倍ぐらいになっちゃうんですよ（笑）。
五木　二〇〇〇倍！　ロシアのモスクワの競馬場の話なんかできるのは佐藤さんぐらいだなあ。繋駕《けいが》レースがロシアの競馬の特徴なんですよ。車を引っ張るんだよね。「走れトロイカ」みたいな感じで。
佐藤　競馬場で覚えているのは、競馬場の横の建物に、フョードロフ（一九二七〜二〇〇〇）がロシアで初めて本格的なカジノをつくったんです。フョードロフという人は、近視のレーザー手術を考案して有名になって、政治家としてもゴルバチョフ（一九三一〜）の顧問をやったりした人です。
　このカジノで当たると、外で待ってる奴《やつ》が「お客さん、勝ち逃げですか」って（笑）。だから擦《す》ってても当たってても必ず取られる。そういうカジノでした。

五木　マフィアの活躍しそうな場所です。でもそういうところこそ、地下水脈的に民族や宗教の問題が隠されていたりする。ですから自分で歩き回るというか、自由に旅をすることがすごく大事だと思う。その国を、人間を理解しようとするなら、経済のデータとか数字を調べて論じたりせずに、人の顔や動きから発する生気を見る必要がある。そういう直感を大事にしたいと考えてきました。それは、自分の中にあるたくさんの経験と記憶を信じる、ということでもあるわけですから。

サーカスと動物園を見れば国力がわかる

佐藤　確かに現地を見ると、過剰な思い入れが解除されていきます。外交官でも、最初はその国への憧れと思い入れが強くて、イギリス大好き、ロシア大好きになるんです。それでしばらく経つと「なんて奴らだ」と、ネガティブな方に振れるんですね。でも、それがもう少し経つと、「まあ、いい奴もいれば悪い奴もいる」という感じになります。そのぐらいになると、だいたいその国の専門家になってきた証拠なんですね。

これはドイツ人のロシア専門家に教えられたことですが、僕は地方都市に行ったら、必ずその都市のサーカスと動物園、あるいはバレエを見に行くようにしていたんです。国の基礎体力がなくなってくると、その辺がガタガタになって、動物園が臭くなったりします。

五木 なるほど。

佐藤 日本にも同じことがいえて、上野動物園に行くと、日本の地方が相当大変だということがわかるわけです。どういうことかというと、上野動物園ではゴリラの数が増えているんです。

五木 それは、どうして？

佐藤 バブル期に、あっちこっちの動物園がゴリラを飼ったんだけど、飼いきれなくなったり、あるいは閉鎖したりして、そのゴリラが上野にやってくる。

五木 ゴリラのたらい回しか（笑）。

佐藤 だから一頭一頭のゴリラが何々動物園から来たという来歴が書いてあるんです。上野動物園がバブルのツケを払わされているんですね。

五木　モスクワの動物園には行かなかったなあ。

佐藤　この前、地元の埼玉県大宮公園にある小動物園に行ったんです。この動物園には、かつては人気者のマレーグマがいたんですが、もういなくなってました。サルも猿山があったのに、それがなくなって、全部つくり変えられていて、ヤマネコが四匹だけいた。それから驚いたのはハイエナがいるんです、一頭だけ。

五木　ハイエナ？

佐藤　目つきが悪くて、私の方を見て、舌舐《な》めずりしているんですよ。うまそうだと。こういう何ともわびしい動物園になっていた。さいたま市にある動物園ですよ。百万都市なのに、ロシアの地方都市よりもシャビーな動物園になってました。

五木　いまはもう東京、名古屋、それから福岡あたりは、表面だけ見ると好景気に沸いているように見えるよね。ミニバブルというか。週末、博多へ行ったんです。博多の駅ビルはかなりおそくまで営業しているんだけど、飲食街なんかは行列をつくって、みんな座って待っていた。どこも入れないんだ。

佐藤　東京でも、いわゆる高級店やホテルのレストランはいっぱいですね。

五木　僕がバブルというものを判断する基準は、東京タワーの周辺にスーパーカーのショーウィンドウがいくつあるかなんです。いま、五つぐらいあるんじゃないかな。アストンマーティン、フェラーリ、ロールス・ロイス、ロータスとか。

前回のバブルのときもすごくて、でもバブル崩壊とともにあまり目立たなくなった。ところがまた最近になって、あちこち派手にやっている。ポルシェも去年、戦後最高の売れ行きだったでしょう。だから、非正規労働の社員が増えているとか、実質労働賃金が下がっているとかいわれているにもかかわらず、大都市中心では完全にバブル化してますね。

何事にも表街道と裏街道があって、肌で現実を体験することは間違いも多いけれども、体験の積み重ねからできあがる経験則はうそがないと思う。日本の経済がバブル化しているときには、街角にスーパーカーの店がいっぱいできる。だから、いかにグラフを駆使して「バブル経済ではない」と言われても賛成できないですね。戦後七〇年の後遺症かもしれない。

ソ連崩壊後のロシアの風景

佐藤　一九八〇年代半ばにゴルバチョフのペレストロイカが始まるまでは、ソ連は非常に閉ざされた国家で、外国人が旅行をするのも一苦労でした。ソ連を旅行するときには、インツーリスト（ソ連国営旅行公社）と提携している日本の代理店から、航空券あるいは船舶券、鉄道券、ホテルの予約だけでなく、空港や駅からホテルまでのタクシーと出迎え人、さらに一都市三時間の観光ガイドを雇う契約をして、費用を全額振り込まないとビザが発給されませんでした。

五木さんのパスポートもそうだと思うんですが、当時のソ連のビザは挿入紙《そうにゅうし》方式です。いまの北朝鮮と同じで、パスポートの本体にスタンプを押さないようになっている。これはどういうことかというと、東西冷戦下でスパイ活動や革命運動をやっているから、ソビエトに行ったという渡航の記録が残るとまずい人がたくさんいたわけです。だから観光客も含めて全員、渡航記録が残らないんですね。

五木さんはソ連崩壊後にロシアに行かれました?

五木　崩壊直後の一九九二年に行きました。もう年金生活者たちが餓死するんじゃないか、内戦が明日にでも起きるんじゃないかといわれているような混乱のさなかでしたが、行ってみると、サンクトペテルブルクの公園で優雅に立派な犬を連れて散歩しているカップルがいるわけです。

そこで「この犬には何を食べさせてるんですか」と聞いたら、「肉だ」って言うわけね。「どこからその肉を手に入れるんですか」と尋ねると、至極当然のように、「帝政時代から愛犬連合とか愛犬組合とかそういう組織がある。その組織に自分たちの家は昔から属しているから、組織の方からちゃんと肉が配給されるんだ」と言うんです。

佐藤　中間団体があるわけですね。愛犬組合もそうだし、切手収集愛好家協会みたいな団体もありました。そういう団体は「社会団体」といって、幹部はだいたい軍人なんです。だから、けっこうな政治的な力を持っています。

五木　そういう職能組合のようなものが、いくつもあるんですね。だから工場で働いている人の月給は少なくても、現物や非合格品で使えるものをもらったり、いろんな形で副収入がいっぱいあるんですよ。そういうメンバーに入っていれば、実際に国営商店に何にも食物がなくたって、犬の餌《えさ》はちゃんと回ってくる。そういうところを経済学者とかジャーナリストは全然見てませんよね。労働者の平均給与は、なんていっている。実際には、表の賃金じゃないところでやっているんだ。

佐藤　職場に付随した注文販売というのもあるんです。ハムやソーセージ、卵、牛乳も、会社を通じて手に入れることができます。だから、みんな、仕事はろくにしなくても会社には行くんですね。

五木　それからロシアで僕が感心したのは、賄賂《わいろ》の分配です。税関なんかでいろいろ賄賂のやりとりがありますが、それを絶対独り占めしてはいけない。一度集計して、あとで直接の窓口でない人間もひっくるめて分配する。だから賄賂の思想というか、賄賂のカルチャーというか、そういうしっかりした伝統があるんですよ。

佐藤　そのとおりです。ロシアの賄賂のもう一つの特徴は、長期的な貸し借りをしないことです。今日賄賂をもらったら、今日分配してしまう。親方が関係者全員を集めて、「おまえの取り分はこれ、おまえの取り分はこれ、俺は親方だからこれだけ取る」と。

みんなのいる前でロシア人は賄賂の分配をするんですよね。そうすると、文句が出ない。

五木　そういう非公式の贈与だったり分配があるから、ロシアの労働者の平均給与を数字で出しても、実際の生活をまったく反映していない。

レストランと権力と

佐藤　私がソ連にいた当時、ゴルバチョフの給料が五〇〇ルーブル、学校教師の給料が三〇〇ルーブルでしたが、炭鉱労働者の給料は一一〇〇ルーブル、白タクの運転手の給料は二〇〇〇ルーブルでした。労働者の平均給料は三〇〇ルーブルぐらいです。ところが、この数字では誰にどれぐらいの購買力があるかはわからないんですよ。

モスクワの中心部から車で一五分くらいのところに、赤いレンガの一四階建ての建物があります。そこはソ連共産党中央委員会付属の一〇月ホテル（現プレジデントホテル）というところで、たとえば宮本顕治《みやもとけんじ》（一九〇八〜二〇〇七）が来たときに泊まるホテルなんですね。

このホテルの二階にレストランがあります。前菜、キャビアとイクラ、パンケーキ、じゃがいもと蒸し鶏の首都風サラダ、生野菜、キュウリ、赤カブ、ペリメニ（ロシア風水餃子《すいぎょうざ》）、フィレステーキが出てくる。それでアイスクリームが出てきてコニャックとワインを飲む。これが締めて三ルーブル五〇カペイカぐらいで、キュウリ一本の自由市場（ルイノック）での価格と同じなんです。

ソ連共産党中央委員会の高級幹部はこのホテルを使える。一般の庶民は使えない。だから給与が三〇〇ルーブルでも、どの店を使うことができるか、どのレストランに入れるかということで全然購買力が変わってくるんですね。

五木　それが権力なんですよ。どこの都市でも、三ヶ月かかっても予約が取れないレストランやクラブがいっぱいあるわけです。そういうところでは、一般人は行列するんだ。でも行列しないでさっと顔パスで入れる人は、有名人とか権力を持っている人だよね。それは目に見えない権力。

佐藤　ちょっと耳の痛い話です。ロシアの高級レストランでもなかなか予約が難しい。ただ外交官身分証を持っていると、横から入れたんですよ。でもビアホールでは通用しない。下手をすると四時間ぐらい並ぶ。しかし、ずるっこく横入りする奴もいるんですね。

あるとき、知り合いのロシア人に「どうやったら中に入れるか」と聞くと、「秘密警察とかそういう人間だという雰囲気を出せばいい」と。それで「おまえ、何かカード持ってないか」と言うので、僕の持っているカードを全部見せたんです。そうしたら、日本のスナックにキープした金色のボトルキープ券が出てきたんですよ。それを見て「これがいい。これを見せろ。金色でできているのが非常に珍しいし、普通のロシアの門番の感覚からしたら、これは恐ろしい人だと思う。だからこのカードを見せて、ちょっと中に行くって言えば、絶対通れるから」と。言うとおりにやってみたら、本当に入れました（笑）。

五木 その感覚はよくわかります。クレムリンの宮殿を見ても、金ピカでしょう。あれは彼らの趣味なんだね。

佐藤 日本専門家でないロシア人はそうなんですよ。わびさびの感覚はまったくありません。だからミラーボールみたいなピカピカ光るものがプレゼントでも一番いいんです。

たとえば日本からのお土産だと、京都の土産物屋で売っているような、安物の彫金で富士山の横に芸者がいて、厳島《いつくしま》神社の鳥居があって、それで金閣寺があり横に桜の花が咲いている置き物。真ん中に時計がついていますよね。ああいうのを持っていくと喜びますから。

五木 感覚的にはバロックだな。

ロシア人の酒の飲み方

佐藤 ロシアのビアホールは、入るときに一回しかツマミを買えないんです。しかもツマミの値段の上限があって、確か三ルーブルでした。

五木 それはどうして？

佐藤 客に長く居座らせないようにするためなんですよ。ツマミで一番安くて量が多いのは、洗面器いっぱいのオキアミです。卵だと、二個で三ルーブルだから高い。

飲み物は自動販売機で、一五カペイカ入れると一五〇ccずつビールが出てくるんですね。ところがグラスの数が少ない。飲兵衛《のんべえ》たちはグラスを一〇個ぐらい抱えて手放さない。だから誰か出ていった瞬間にグラスをぎゅっと取ってきて、それで飲む。けっこう泡立ってうまいビールなんですよ、イギリスのビタービールみたいで。

五木　ピーヴォですね。

佐藤　そうです。ところが、あるときロシア人に「あの店に行くのは絶対やめろ。あの泡は異常に立っていると思わないか。あれは洗剤が入っている。体に良くないから行くな」と。

五木さんが訪れた一九六〇年代は衛生にも非常に気を遣っていて、ソ連が先進国だった時代ですけれども、私がいたのはもうソ連崩壊数年前ですから、疲れ切っているわけなんです。

五木　社会主義的制度がしっかりしていなかった時代ですね。

佐藤　ええ。だから、マテリアリズム（唯物論）じゃなくてベシズムで。ベシは「モノ」という意味ですが、物欲主義が支配しているころですね。

五木さんはロシア人とよくお酒は飲んでいたのですか？

五木　いや、あの飲みっぷりには全くついていけませんでした。

佐藤　確かに、あれを続けていると死にます。あれは平均寿命六〇歳ぐらいの世界の酒の飲み方ですからね。

五木　平均寿命が短いし、自殺も多いでしょう。ウォッカを毎晩飲んでいるというのは緩慢な自殺だから。

佐藤　それは間違いない。悩みがあったらウォッカを一本飲んで、その悩みが不安になってもう一本飲んで……という具合ですから。

五木　ウォッカの語源は「ヴァダー」、つまり水でしょ。だからウォッカというのは、「お水っこ」みたいな語感がします。

佐藤　「お水っこ」とか「お水ちゃん」といった感じですね。

五木　佐藤さんは付き合いで相当飲んだんじゃないですか。

佐藤　もう一生分飲みました。

五木　向こうで外交官をやってたら大変でしょう。

佐藤　飲めなきゃいいんですけど、飲めると許してくれないですからね。酒を飲んでいる人はすぐに飲み比べをしてみたくなる。

五木 あれはどういう文化なんだろう。

佐藤 ああいう飲み方は、貧乏な場所で一年に一回か二回開かれる祭りのときの酒の飲み方ですよ。ところが少し豊かになってきたから毎週一回ぐらいの祭りの感覚になってしまったんじゃないでしょうか。ロシア人は本格的な宴会に呼ばれたら、前日は昼夜の食事を抜きますし、翌日は年休を取っていますから。

宴会が始まると、一人二人ぐらいは気絶者が出て「今日はいい酒だった」ということになる。食事の量も半端じゃない。夕方五時、六時から宴会が始まって、前菜が出て、次に熱い前菜が出て、メインディッシュが出てくるのが夜中の一時ぐらいですからね。

五木 いや、とてもついていけない（笑）。

佐藤 まともに付き合ったら大変なことになりますよ。絶対一食五〇〇〇キロカロリーぐらい食べますから。

「太っている」の基準が違う

五木　まったく対照的なのが、ボリショイバレエやサンクトペテルブルクのもとキーロフ劇場のバレリーナでしょう。一日紅茶一杯とレモン一切れみたいな食事を続けるという話を聞いたことがあります。

佐藤　直接バレリーナに聞いたことがあるんですけど、六回ぐらいに分けて食べるそうです。どうしてかというと、食べるときにエネルギーを消費するからと。

五木　おもしろい！（笑）。ちょっとでも体重オーバーになると、レギュラーから落とされてしまうからね。

佐藤　バレリーナの採用がおもしろくて、親と一緒に面接があるんです。

五木　ああ、親を見ると将来の姿がわかるということか。

佐藤　できれば、おばあさんまで連れてきてほしいと（笑）。それで親が肥満だと採ってもらえない。そうやって選んでも、太る人は太ります。レギュラーから落とされて現役を退いた元バレリーナは、すぐ一〇〇キロ超えますから。

五木 それもすごいなあ。

佐藤 でもロシアの場合、一〇〇キロを超えても太ってると言わないんですよ。ロシアで「太る」は一二〇キロを超えてからです。どうしてかというと、ロシアの家庭用のヘルスメーターは一二〇キロまで測れるんです。一二〇キロを超えると、ヘルスメーターを二台買ってきて片足ずつ乗せる。それで合算すると体重が出るんです。だから、一二〇キロまではいちおう標準的な人間の枠内ということになります。

五木 人間の枠内（笑）。

佐藤 一二〇キロを超えた連中と時々サウナに入ると、もう下半身が見えないんですよね。お腹の脂がだんだん下がって前掛けみたいになっている。こういうロシア人の風景は、日本ではなかなか見ることができない。

五木 「バーニャ」というやつだな。

佐藤 そうです。彼らはバーニャによく行きます。まずウォッカを飲んでふらふらになったところでバーニャに入りアルコールを出す。そのあと冷たい風呂に入る。こういうサイクルの繰り返しだから、体にいいはずがないんですね。

ソ連の節酒令で何が起きたか

佐藤　私がモスクワにいた一九八八年の終わりから九〇年にかけて、ウォッカ不足が起きたことがあります。

五木　ゴルバチョフが節酒令を出したときですね。

佐藤　そうです。節酒令が禁酒令のようになってしまって、ウォッカをつくらなくなった。すると何が起きるか。まず、砂糖とイースト菌が町中からなくなるんですよ。つまり、砂糖にイースト菌を入れて、密造酒をつくるんです。その次になくなるのがジャムやジュース、トマトケチャップで、これも酒をつくることができるからです。

そこまではわかるんですけど、次になくなるのが歯磨き粉、オーデコロンです。オーデコロンのエチルアルコールを飲むんです。それで最後になくなるのが靴クリームです。靴クリームをどう使うかというと、黒パンの上に靴クリームを山盛りにのせて、一晩寝かせるんですよ。そうするとアルコール分だけがパンに吸い取られるので、クリームのところは切って捨てて、残りのパンを食べてアルコールを摂取する。

五木 佐藤さんはそれを食べたの？

佐藤 一度、ロシア人にそそのかされて口にしましたが、強烈でした。言葉にできない酔い方です。

五木 飢餓《きが》の体験談でいうと、僕は、サンクトペテルブルクに住んでいるおじいさんの家で、帝政時代の文学全集を見せてもらったことがあるんです。その全集は革表紙なんですね。ところが、そのおじいさんは、第二次世界大戦のレニングラード攻防戦の折に、革表紙の裏のニカワまでなめてしまったと話してくれた。僕はそれが記憶に残っていて、一九九三年に書いた『ステッセルのピアノ』という小説でこのエピソードを織り交ぜたら、「これはさすがに作者のフィクションであろう」という感想がありました。でも、本当の話なんですよ。レニングラード攻防戦では、百万人近い数の餓死者が出たわけですから。

佐藤 ドイツ軍が一九四一年から一九四四年のおよそ九〇〇日にわたってレニングラー

ド（現サンクトペテルブルク）を包囲した、史上稀《まれ》に見る悲惨な市街戦で、戦死者よりも飢餓による死者の方が多かった。だから、そのエピソードのような話はたくさんあったのだと思います。

希薄すぎる日ロ外交

五木　九一年のソ連崩壊の当時ですら、ソ連の実態というのは全然伝わってなかったと思うけど、いまは当時よりもさらにロシアに対する関心は低いですね。

佐藤　非常に低いですね。

五木　アメリカに対する関心や情報の量に比べると、あまりにも低すぎるような気がするんですけど。北方領土問題で騒ぎながら、ロシアの文化とかロシア人に対しての関心が低いというのは、大きな問題ではないでしょうか。

佐藤　たとえば、日本の警察のロシア語力はあまり高くないですからね。ロシアの情報関係者を追跡していても、何を話しているかを察知することを、最初から諦《あきら》めているんです。それだから、モノの受け渡ししか見てないですよね。

五木　外交ということを考えても、ロシア語が自由に読み書きできる人がたくさんいないとまずいと思う。

佐藤　それはそうですよ。最近は、僕も知らないような外務省の若い人が通訳をしているんですが、言ってることが全然わからないことがあります。

たとえば、小泉純一郎（一九四二〜　）さんとプーチン（一九五二〜　）が会っているときの会談なんて、ひどいですよ。小泉さんの話したことを通訳したロシア語って、日本語に再び翻訳すると、こんな感じですよ。

「あんたさん、ロシア大統領だと、おいら日本総理やってたな。そんでモスクワ行ったんだけど、あれ雨降る白い雲散らした何か兵器、それいまどうなってる？」

もともとは、こういう話です。「わたくしが対独戦勝記念日のときにモスクワに行ったとき、私は総理であなたは大統領でした。あのとき、ずっと天気の日が続いてました。なんでも雨雲を散らすような仕組みがあるという話なんですが、そういった技術はどういうふうに今してるんでしょうか」

五木　そんなことで、北方領土の問題なんか語り合えるものなんですかね。二〇一四年の六月に、プーチンの側近といわれているセルゲイ・ナルイシキン（一九五四〜　）下院議長が来日したでしょう。彼がぶら下がり取材を受けていて、「北方領土の問題なども プーチンさんは考慮されてるんでしょうか」と尋ねられたとき、〈カニェーシナ！〉と即座に答えた。

佐藤　「もちろん」と。

五木　でも、その辺は全然訳さないんだよね。「そういう問題も考えてると思います」とテロップが出てた。まったくニュアンスが違いますから。

　政治家の場合はどうですか。親露派とか言われれば、やっぱり具合が悪いというのもあるんだろうね。

佐藤　ロシアと北朝鮮に触っていい目にあった政治家なんていないですからね。でも政治家は、本音ではその二つに触りたいんですよ。誰も成果出してないから。

五木　そのためには、通訳も含めて、ちゃんとした識見のあるブレーンがいなきゃいけないと思うけど。

でも、日本のインテリジェンスの世界は不思議なんだよね。アメリカだと、たとえばCIA（中央情報局）にハーバード大学の学生のころからスカウトして入れちゃうとか、イギリスだったらケンブリッジとかオックスフォード出た青年が入局するとか、知識人の一つのエリートコースなんだけど。日本にはそういうイメージがないでしょう。

佐藤　ないですね。日本だと小官僚の延長線上みたいな話ですから。

五木　これは文化の違いなんですかね。

ソ連崩壊が新自由主義を生んだ

佐藤　ただ、アメリカのインテリジェンスも相当弱くなっているんですよ。そのことを逆説的に告げるのが、スノーデン事件です。アメリカのNSA（国家安全保障局）とCIAに在籍していたエドワード・スノーデン（一九八三〜　）が情報を託した記者が、『暴露』という本を書きましたけど、これを読むと、アメリカはインターネットを使ってありとあらゆる秘密を取っていることがわかります。

五木　ええ。

佐藤　ところが、あれだけ機密情報を取っているのに、テロの防止については何の役にも立っていないわけです。

五木　そうですか。

佐藤　じゃあ、情報を何に使っているのかというと、ほとんどビジネスというかカネ儲《もう》けなんですね。相手の情報を盗んで、ビジネス交渉を有利に進めることぐらいにしか使われていない。そういう中でスノーデンのような告発者が出てきたんです。

五木　『暴露』という本を読むかぎり、スノーデンはネットのオタクがマニアックに告発したわけじゃなくて、監視社会に対して一家言あるように見えますけど。

佐藤　そうだと思います。でも、その見識は、彼の持っている技術的な知識と比べてバランスが悪いように感じます。スノーデンのＩＴに関する知識は、世界トップクラスでしょう。ところが、『暴露』で書かれている彼の正義感は、中学生程度の正義感です。その中学生の正義感のままで、「こんな悪いことをアメリカはしていると初めて知った。だから僕はこれを世界に知らせないといけない」と言って暴発しちゃったわけですよね。

そういう意味では、アメリカは、非常に幼稚な思考でしかインテリジェンスや監視社会を捉えていないことを明らかにしたのが、スノーデン事件の意義の一つかもしれません。

五木　ここにも、データ主義の貧しさが感じられますね。データを集めても、テロの対策ができないというのは、データと経験とを結び付けられないということでしょう。要するに、直感の力が衰弱しているんじゃないか。

佐藤　おっしゃるとおりだと思います。でも、このアメリカの新自由主義的な幼稚性というのは、ソ連の崩壊とも無縁じゃないんです。

二〇一四年五月にイスラエルに行って友人たちと議論したんですが、彼らが口々に「国家の仕組みが変わった」と言うんです。どういうことかというと、アメリカの金持ちというのはいつの時代にもだいたい人口の五%ぐらいいる。それで、東西冷戦が終わるまではその金持ちが、政府を通じて強度な累進課税《るいしんかぜい》制による再分配に賛成していたと。いわば共産主義が、資本主義の暴走の歯止め役になっていたわけです。

ところが共産主義の脅威がなくなったから、世界全体が弱肉強食になってしまった。だから大金持ちたちは、自分たちの資産をファンドの形で社会に還元するようになったといいます。ビル・ゲイツ（一九五五〜　）にしても、Amazon.comの創設者で現社長ジェフ・ベゾス（一九六四〜　）にしてもみんなそうですよね。しかも彼らの個人資産というのは、アフリカ、中南米の国々のGDPより多い。そこまで巨額の個人資産というのも、冷戦前にはなかったそうです。

五木　累進課税の税率が高かったからかな。

佐藤　そうです。じゃあなぜ彼らは、ファンドという形で社会に還元するのか。それは慈善事業じゃないんですね。たとえば、奨学金という形でアイビー・リーグ、プリンストンとかハーバードの学生に奨学金を与えれば、もらった学生は関連企業に将来就職する。あるいは、資金を援助して委託研究をする。すなわち社会に富を還元するパイプの中で、自分たちの富を増殖するシステムがより強化されるような方向に向かっていると。

五木　なるほど。

佐藤　結局、ソ連の崩壊から二〇年ぐらい経って、こういう新自由主義的なシステムが定着したわけです。

五木　これからはロシアが再び大きな存在になっていくと思いますね。いま、サントロペとかニースとか南仏の海岸沿いに行くと、もうほとんどいいところの別荘はロシア人が買ってますから。

佐藤　ベルギー、ロンドンも、高級住宅地はだいたいロシア人が持っています。言ってみれば、旧国有財産をすべて分捕ったわけですから、とんでもない大金持ちがたくさんいるんです。

五木　そう。棚からぼたもちみたいな形で、山分けした。

佐藤　ただし、そういう棚ぼたレースに加わったロシア人五〇〇人の内の四九九人はこの世にもういない。だから、殺し合いをしながら分捕ってきたんです。

私が見た印象では、友情もだいたい三億円で崩れました。こいつが死ぬと三億円が自分に入るとなると、人を殺す。崩壊後のロシアは大混乱でしたから、殺しても捕まらない。警察官に一〇〇万円ぐらいつかませればいいわけだから。プーチンが権力を握るまでは、冗談でなく、簡単に殺し合いをしていました。

チェコとポーランドから見てみると

五木 少し東欧の話もしたいんですが、僕はなぜか、事件の現場に偶然居合わせることが多くて、特に一九六八年がそうでした。パリでうろうろしていたら、五月革命の末路に出くわした。あのときは、左岸にユダヤ人の小路《ルー・ヤコブ》という道があって、そこを通り抜けてずうっと川の方に行くと、左側にボザールという美術学校がある。そこがあの地区ではサンミッシェルと並んで学生の拠点の一つになっていたんですが、そこに迷い込んでしまって、学生たちと反ドゴールのポスターなんか刷ってた。それでひとしきり五月革命の末路を眺めて、これで祭りは終わったという感じでプラハへ行ったのです。そしたら――。

佐藤 「プラハの春」ですね。

五木 そうなんです。パリからプラハに行ったときは一九六八年の初夏ですが、もうソ連軍の戦車がキャタピラーの音を立てて実際に街中を走り回っていた。ヴァーツラフ広場の正面に国会図書館のような大きな博物館がある。そこの壁は銃弾の痕でボコボコ穴だらけ。僕が訪ねたラジオプラハのガラスもみんな割れているような状態でした。いろんな場所にスプレーで〈スボボーダ〉と書いてあったことを覚えています。

佐藤　自由という意味ですね。

五木　ヴァーツラフ広場に人々が集まるんですね。そこでも戦車が石畳の上をごうごうと夜中まで通るし、すごかったです。しかし、こっちには何が起こっているか、さっぱりわかってなかった。

佐藤　教科書的には、プラハの春、つまりチェコスロバキアの民主化運動を粉砕するために、ワルシャワ条約機構五ヶ国軍がチェコスロバキアに軍事介入したのは八月といわれていますね。

五木　事実的には八月といってるけど、それより前にソ連軍は入っていたように思います。だってニュースはウクライナにしても、現実じゃないでしょ。歴史的な記述と現実とは全部違うんです。自動小銃を提げたソ連兵たちもいっぱい歩いていましたよ。

ヴァーツラフ広場の横にライカとかいう飲み屋があって、スプートニクなんてカクテルがあった。そこで僕が片言のロシア語で挨拶したら、みんなそっぽ向くんだ。ロシア語で話しかけられることがもう不愉快で耐えられないんですね。

プラハの議会でも、ある議員が海軍省をつくろうと言い出した。そうしたらある大臣が「いや、チェコには海がないのになぜ海軍省をつくるんだ」と尋ねる。すると、その議員は「ロシアにだって文化省がある」と答えたという有名な話がありますけど。そういう話の中に国民感情がよく出ている気がしますね。

佐藤　ポーランドはソ連と一緒にチェコスロバキアに軍事介入した側ですから、チェコ人はロシアほどではないですがポーランドは嫌いですね。

五木　ワルシャワとプラハの関係は、フィンランドとスウェーデンに似ていると感じた。

佐藤　五木さんは、ポーランドはお好きですか。

五木　僕は好きだなあ。ちょっと時代錯誤の熱血がある。「ポーランドの騎兵隊みたいだ」という表現があるでしょう。ポーランドでは、二〇世紀になってからも騎兵隊が軍隊の花形だったんです。マフラーを幌《ほろ》のように靡《なび》かせて突進するわけです。ところが、ドイツ軍の機甲師団《きこうしだん》が入ってきたときに、ポーランドの騎兵隊が先頭に立って突進して、一瞬で全滅するんだよね。それで「ポーランドの騎兵隊みたいだ」って言い方をよくするんですよ。

佐藤　ポーランドにはどこか大国意識があるんですね。ポーランドか世界かみたいな話にすぐなりますから。

蓮如は日本のワレサである

五木　自分の話で恐縮だけど、『蓮如《れんによ》　われ深き淵より』（一九九五）という本がヨーロッパで訳されているのは、唯一、チェコだけなんです。

佐藤　『蓮如』のチェコ語版は、すごくいい訳になっていましたね。チェコというのは不思議な国で、チェコ人はとにかく本をよく読むんです。人口は一〇五〇万ぐらいですが、たとえばヘーゲル（一七七〇〜一八三一）の翻訳を出しても二〇〇〇〜三〇〇〇部は出ます。人口は日本の一〇分の一なのに、日本と同じぐらいヘーゲルの本が売れるわけです。

五木　知的水準はすごく高い。高いけれどクールなんで、周りの国民から見るとちょっと気取っていると思われているよね。

佐藤　チェコ人は何事に関しても非常に冷めてますからね。でも、好奇心は強いんです。カレル・チャペックが小説『山椒魚戦争《さんしょううお》』の中で、登場人物に「チェコ人は何にでも首を突っ込む」と言わせているぐらいですから。

五木　『蓮如』に関心を持ったのは、先の「プラハの春」のような出来事とも関係があるのかもしれない。

佐藤　もう少し古い、ターボル派あたりじゃないかという感じもしますね。ターボル派というのは、フス派の反乱の一グループです。フス派の方でも、当時の教会に対して妥協してもいいというグループと、民衆の中に入っていってみんなの平等を実現しようとターボル山に籠もったグループがある。これがターボル派といって、のちのチェコ・ナショナリズムにつながっていくんですが、このターボル派への共感と同じような感覚を蓮如にも覚えるんじゃないでしょうか。

五木　「蓮如（一四一五〜一四九九）は日本のワレサである」というのが僕の持論でし

たから。

佐藤 ワレサ（一九四三〜 ）は、ポーランドの運動指導者ですよね。一九八〇年に自主独立労働組合〈連帯〉を組織して、共産党政権との戦いを続け、最終的にポーランドの民主化をなしとげた。

五木 ワレサはどういう作戦を取ったかというと、ソビエト体制に対して一方では労働組合、一方では教会を基点に使うんです。たとえば、ビデオやテープの複製は、全部教会でやる。つまり、宗教と自治労組〈連帯〉の両方を握って、彼はソ連共産党と戦って勝利するという。つまり宗教と政治。

佐藤 非常におもしろい見立てですね。チェコはあまりお好きではないんでしょうか。

五木 そんなことはありません。チェコも評価すべきところはたくさんあって、特にシュコダという自動車会社は興味がある。

佐藤 シュコダは、いまはフォルクスワーゲン傘下ですが、チェコの名門ですね。もともとは兵器会社です。

五木 シュコダの技術を利用して、アンドレ・シトロエン（一八七八〜一九三五）は前輪駆動車《トラクション・アヴァン》をつくったという。シュコダという罪深い会社を生み出しただけでも、チェコは大変な国だと思います。

佐藤　じつは、シュコダという名前は、チェコ語では破滅という意味なんです。

五木　ひどいね、それは（笑）。しかし、シュコダが原子炉もつくっているというのは象徴的だな。「破滅」か。

佐藤　そういう言葉をブランド名にしているのも、なかなかユーモラスでおもしろいですよね。

第二部　見えない世界の力

「ナ・ウクライーネ」と「ヴ・ウクライーネ」の違い

五木　佐藤さんにはウクライナの話をぜひ伺いたいと思っているんだけれども、たとえばウクライナの人たちが「ウクライナ」と言うときと、ロシア人が「あいつはウクライナだからな」と言うときとでは、かなり語感が違うでしょう。

佐藤　違いますね。

五木　よくいわれるように、ウクライナの「クライ」には「辺境」という意味がありますね。しかし、ウクライナ人たちにとっては、辺境の国境があって、国境に近い内側という内地の感覚だと思うんです。一方、ロシア人にとっては、端っこの感じがあるから、国の辺地という感覚があるんでしょう。

佐藤　明らかにそのニュアンスがありますね。

五木　僕は昔、朝鮮に住んでいましたから、日本列島の人たちのことは内地《ないち》人と言ってました。それに対して、植民地に住んでいる自分たちは外地《がいち》人なんだなと。でも、自分たちで言うのはよくても、内地人から「外地人」と呼ばれるのは抵抗がある。
沖縄も同じです。僕は、沖縄が本土復帰する直前と直後に行ってるんだけど、向こうで「内地」という言葉に出会って、そのときびっくりしましたね。

佐藤　沖縄では本土の人間をナイチャー、内地人って言いますからね。内地という言葉は沖縄の人間が使う分には抵抗ないんですけども、本土の人が内地と言うと、沖縄人は抵抗を覚えますよね。

五木　そういう感覚の違いが、ロシア人とウクライナ人それぞれの「ウクライナ」という語感に感じられるんです。

佐藤　いまの五木さんの話は、「ウクライナ」の前につける前置詞の問題に象徴的に表れていますよ。おそらく五木さんがロシア語を習ったときは、「ナ・ウクライーネ」と、ウクライナに関しては、前置詞の「ナ」をつけろと教わったはずです。この「ナ」という前置詞がつくと、ロシアの一地域という語感になりますよね。でも最近は「ヴ・ウクライーネ」という方が強くなってきているんです。この「ヴ」という前置詞は、国の前につけられるんですね。

五木　なぜ、変わってきたんですか。

佐藤　ウクライナ政府が、「ナ」というと一地域みたいだから「ヴ」にしろと主張したんです。最初ロシアは、ロシア語のニュアンスからしたら文法的な誤りだから、そんなことは認められないと反発しました。そうしたら、あらゆる「ナ・ウクライーネ」と書いてある文書の受け取りをウクライナ政府は拒否したんです。それでしばらく「ヴ」か「ナ」か、という文化戦争を両国でしていたんです。

ウクライナ危機のポイントはガリツィア地方にある

五木　ウクライナの問題を考える場合、言葉の問題とともに宗教と民族の二つの問題が大きいですね。

佐藤　そう思います。今回のウクライナ問題の一番のポイントというのは、ウクライナの西部のガリツィア地方と呼ばれている地域です。ここは一九四五年にソ連赤軍が入ってくるまで、一度もロシア領になったことがない。一八世紀後半からはオーストリア・

ウクライナと周辺地図　1945年にソ連赤軍が入るまで、ウクライナのガリツィア地方はロシア領に一度もなったことがなかった。宗教もウクライナ東・南部と西部は異なり、ガリツィア地方はやや特殊なカトリック。

ハンガリー帝国だったところです。

五木　主流となる宗教は何ですかね。

佐藤　カトリックです。

五木　カトリック？

佐藤　カトリックなんだけど、特殊なカトリックなんです。一六世紀にプロテスタントの宗教改革が起きて、プロテスタントの影響がポーランドとチェコとハンガリーにまで及んだんです。危機感を強めたカトリック側は、トリエントの公会議を開いて、イエズス会をつくるわけです。要するにイエズス会というのは、実質的には反宗教改革のための軍事集団で、ローマ教皇直轄の親衛隊として徹底的な軍事訓練を積むわけです。この軍事力を背景にプロテスタントをやっつけろと。それでポーランド・チェコ・ハンガリーをやっつけたんだけども、勢いが余って、ウクライナに入ってきたんです。

五木　プロテスタント討伐《とうばつ》なのに、ロシア正教のところまで入ってきてしまったわけだ。

佐藤　そうなんです。もちろんロシア正教の連中は、いくらイエズス会から圧力をかけられても、自分たちの伝統や儀式を絶対に改めたくない。それから正教は神父がキャリア組とノンキャリア組に分かれてて、キャリア組の偉くなる奴は独身、ノンキャリア組は結婚してて構わないと、こういうふうになってるわけですね。一方のカトリックは聖職者は結婚できません。

そこでローマ教会は妥協案を示すんですね。ローマ教皇は例外的な教会を認めると。儀式はいままでどおりで、ノンキャリア組の神父も妻帯して構わない。イコンも拝んでいい。ただし「ローマ教皇が一番偉いという教皇の首位権」そして「聖霊が父および子（フィリオクエ）から出るという神学上の議論を認めること」という二点は認めなさいと。こうして誕生したのが、「東方典礼カトリック教会」あるいは「ユニエイト教会」などと呼ばれる教会です。

五木　ウクライナの東部はロシア正教が多い。

佐藤　ロシア正教が多数派ですね。だから宗教的にもウクライナ東・南部と西部はまったく異なるんですね。ちなみに、ロシア語で「イエズス会士（イエズイーティ）」というと、ペテン師の意味になるんです。

五木　なるほどね。

佐藤　だからドストエフスキー（一八二一～一八八一）の『カラマーゾフの兄弟』でアリョーシャが「それはイエズス会士のだ」と言うのは、「それはペテン師のやり方だ」という意味なんですよ。

五木　そういうことがロシアの読者だったら直感的にわかるんでしょうね。

第二次大戦後のウクライナの混乱

佐藤　さらにウクライナ問題を複雑にしているのが、第二次世界大戦です。大戦中、二〇〇万人のウクライナ人がソ連兵としてナチス・ドイツと戦うんですが、同時に西ウクライナを中心に三〇万人のウクライナ兵はナチス・ドイツ側につくんです。

つまり、ガリツィア地方のウクライナ人はソ連なんかに飲み込まれたくないわけです。だから、ソ連が西ウクライナに侵攻すると、ウクライナ民族主義者たちは、反ソ連を掲げるナチス・ドイツを支持して、ヒトラー（一八八九～一九四五）とともにソ連と戦うことを選択する。

そのウクライナ民族主義者の中でも有名なのが、ステパーン・バンデーラ（一九〇九～一九五九）という人物です。彼もまた、ウクライナ独立のためにナチスに協力しました。でも、ナチスは独立させるどころか、ウクライナ人に強制労働をさせるんですね。それでバンデーラはナチスに対する抵抗を始めますが、結局、ゲシュタポにつかまって強制収容所に送られてしまいます。

ステパーン・バンデーラは、終戦とともにアメリカによって解放されると、今度はミュンヘンにいながら、反ソ独立運動を開始します。でも、一九五九年にKGBから送られた刺客によって暗殺されてしまう。というのも彼は、共産党員とかロシア人をだいぶ殺していたからです。

五木　結局、ウクライナも戦後はソ連に併合される。

佐藤　そうです。しかもさきほどの東方典礼カトリック教会の連中をロシア正教会に強制合同させるんですね。これに異を唱えて、旧ナチスに協力した連中は山岳地帯に潜ってゲリラ戦を展開するんです。一九五六年になっても地元の新聞に「降伏すれば命を助けてやる」という布告が出ているくらいですから、一〇年以上も抵抗運動は続いたことになります。そしてソ連によって西ウクライナが完全鎮圧されたあとは、ソ連の支配を潔しとせずに亡命するんですけど、その行き先がカナダなんです。カナダではエドモントン周辺を中心に現在一二〇万人ほどのウクライナ人が住んでいて、この人たちはいまもウクライナ語をしゃべるんです。カナダで一番しゃべられているのが英語で、次がフランス語、三番目がウクライナ語です。この連中が資金援助をして、ウクライナの独立運動って起きたんですよ。

五木　なるほど。

佐藤　それに、昨年（二〇一四）、クーデターをウクライナで仕掛けた連中は、反ユダヤ主義的なんです。ウクライナの連立与党だったスボボダ（二〇一四年七月に連立与党を離脱）は、国際標準でいえばネオナチですから、ロシア側が警戒感を持つのも当然なんですよ。

スタロヴェールを理解しないとロシアの本質はつかまえられない

五木　歴史的に見れば、ウクライナというのは、大ロシア主義というかロシアの膨張政策に翻弄《ほんろう》されてきたところがあるわけでしょう。その根底にも、宗教というものが分かちがたく結びついているように感じます。

僕が一九六五年にソ連に行ったときに、イルクーツクの郊外で初めてシベリア抑留兵士の日本人墓地に行って写真を撮りました。それまで日本ではあまり知られてなかったと思う。整然としてきれいに手入れされていました。

ここからが本題なんですが、そのときに、墓地の周辺にずらっと並んでイコンを売っている人たちがいたんです。黒い服を着た物乞いの老婆のような人たちがお皿を置いて、お布施《ふせ》を求めている。通訳に、彼らはどういう人なのかと尋ねたら、「スタロヴェール」だと。俗にいう「スタロヴェール」というのは、ロシア正教の異端とされている宗派のことですが、社会主義国家なのに、そういう人たちがいることに驚いた。しかもロシア正教の古い修道院とは違う感じの教会なんですね。

佐藤　日本語だと「古儀式派《こぎしきは》」と呼ばれるひと昔前まで異端とされていた宗派ですね。

五木　古儀式派とよくいわれるけど、分離派《ぶんりは》ともいうでしょう。本当はスタロオブリャドツィとか、舌をかみそうな言葉もあるけど、とりあえず、異端の人びとですね。またの名をラスコーリニキ。分離派というのは、主流派が古儀式派に対して使う表現ですね。大乗仏教の側が部派仏教をさして小乗仏教と称するみたいな。この宗派は、中近東からバルカン半島、ルーマニア、ポーランドなど、ありとあらゆる地域にいる。

このスタロヴェールを理解しないことには、ロシアの本質はつかまえられないと思うのです。釈迦に説法みたいだけど、まず、ロシアで一七世紀に宗教改革みたいなものが起こるわけですね。当時のロシアはロマノフ朝で、いうまでもなく国教はロシア正教です。ロシア正教というのは、ビザンティン帝国のキリスト教を起源とする東方正教会——一般にはギリシャ正教ともいわれますが——の自治教会の一つですね。

佐藤　ロシア正教会のほかに、ルーマニア正教会、ブルガリア正教会などがあって、その総称が東方正教会ということですね。

五木　そうです。一七世紀に起きたロシア正教会の宗教改革というのは、伝統的なロシア正教会独自の儀式をやめて、他の正教会と同じようにギリシャ風の儀式を取り入れたわけです。つまり古い儀式を取りやめて、新しい儀式にしようとした。

佐藤　儀式をグローバル化したわけですよね。

五木　まさにグローバル化で、ここに大ロシア主義のようなものが芽生えるわけですね。一種の宗教上の帝国主義といってもいい。さらにウクライナのユニエイトとの統合の意図がある。この宗教改革に反発したのが、スタロヴェール、つまり古儀式派です。スタロヴェールの人びとは古い儀礼を捨てようとしなかった。たとえばこの宗教改革で、ロシア正教はギリシャ風に十字を切るときに三本指を立てるように儀礼を新しくした。それまでのロシア正教会では二本指だった。

でもスタロヴェールは、二本指の習慣など多くの儀礼を捨てようとしませんでした。そのため国の正教会から離脱するんですが、彼らは主流の正教会からは「分離派」と呼ばれて、絶えざる迫害や拷問を繰り返し経験します。その中には、国にも属さず、教会も持たない国民としてロシア中をグループであちこち放浪して歩く、放浪教徒といわれている者たちもいた。

佐藤　分離派の指導者だった修道士のアバクーム（一六二〇〜一六八二）は、火あぶりになりましたね。炎の中でアバクームは「いいか皆の衆よ、たとえこの世の命を失って

歴史画「アバクームの火刑」 古儀式派（分離派）の指導者だった修道士アバクームの火刑の様子。

"Сожжение протопопа Аввакума." Григорий Григорьевич Мясоедов

出所：http://commons.wikimedia.org/wiki/File:Avvakum_by_Myasoyedov.jpeg

歴史画「モロゾワ公爵夫人」 宗教改革に抵抗した、貴族のフェオドーシヤ・モロゾワがシベリア流刑になった時の様子。古儀式派の象徴である二本指を立てている。

"Boyarina Morozova" Василий Иванович Суриков

出所：http://commons.wikimedia.org/wiki/File:Boyaryna_Morozova_by_V.Surikov_(1884-1887,_Tretyakov_gallery).jpg

も、十字は二本指で切るんじゃ。三本指で切ってはならないぞ!」と叫んだ、という言い伝えも残っています。

アバクームが火あぶりにされた後、分離派の信者は数多くのエコールに分かれますが、一貫して反軍・反帝・反官の伝統を守る。ロシア革命の背後には、このラスコーリニキの勢力があった。「この世の終わりが近い」「ピョートル大帝は悪魔の手先だ」という信念を持って、シベリア、中央アジア、沿バルト地方などに逃げていった連中もいる。こういった人々が放浪教徒なんですね。

日本とロシアでは放浪者に対するイメージが違う

五木 なぜ一七世紀から現代まで、そんなふうにうろうろしながらロシア国内を歩いて回って食っていけるのかというと、その放浪教徒を受け入れる村がたくさんあるんですね。

分離派のような放浪教徒というと、日本では非常に誤解を受けやすいんです。というのも、日本とロシアでは、放浪者というものに対するイメージがまったく違うんですね。

ロシア文学者の内村剛介《うちむらごうすけ》（一九二〇〜二〇〇九）がどこかで書いていたことですが、彼が日本の歌声酒場を覗《のぞ》くと、アコーデオンの伴奏でみんなが悲壮な顔をして「バイカル湖のほとり」をうたっている。でも、それは違うだろうと。確かにバイカル湖のほとりを人がさまよう歌詞だけど、このさまよう放浪者というのは、ロシア人の感覚からすると、憧れと称賛の的になるような人々なんです。

日本語の訳詞は、「やつれし旅人があてもなくさまよう」となっていて、非常に悲壮なセンチメンタリズムがあるけれど、そうじゃない。鉱山や鉄や資源など、ありとあらゆる可能性のあるバイカル湖を自由な放浪者が歩く。この放浪者というのは、イージーライダーの時代のヒッピーみたいなものだから名誉な呼び方だと、内村さんは盛んに力説してました。

だから、放浪教徒も自分たちを受け入れてくれる村を頼って、ずっと全国を回って歩いているわけです。

そういった村の一つに古儀式派の村落があって、いまのプーチン大統領のおじいさんがレーニン（一八七〇～一九二四）をかくまったという説がある。レーニンは晩年、その村へ避難していたそうで、そこでいろいろ食事やなにかの世話をした人が、プーチンのおじいさんだったと。この事実だけでも大変に興味深い。プーチンの源流に、古儀式派が見えるわけですから。この古儀式派というのは、よく異端として扱われるけど、本来は自分たちが正統だと思っている。いわば旧教徒なんだけど、じつは初期のロシア資本主義を担ったのは、彼らだった。労働、勤勉、相互扶助、共有制など、ケインズのいうプロテスタントの倫理観と全く共通したところがあります。ロシアの労働者階級は、そのラスコーリニキから生まれたといっていいでしょう。

佐藤　私もラトビアのリガ郊外で、分離派の修道院を訪れたことがあります。一九八九年のことです。そこは分離派の中でも「無司祭派《むしさい》（ベスパポーフツィ）」と呼ばれる派の修道院でした。無司祭派は、この世の終わりが近いので、悪魔が支配するロシア正教会やロシア国家とは一切の接触を断つべきだと主張する宗派ですから、ソ連時代に壊滅したかと思っていたんですが、当時でもまだ残っていて、信者が共同生活をしていたことに驚きました。

五木　スターリンはロシア正教も含めて、徹底的な宗教弾圧をするわけでしょう。どうしてラトビアには残っていたんですか。

佐藤　私を案内してくれたモスクワ大学哲学部の友人の話では、スターリンが教会を弾圧した一九二〇年代の終わりから一九三〇年代の初めまでは、バルト三国はソ連に併合されていなかったからだといいます。だからスターリンの弾圧も及ばなかったと。その後も、分離派は宗教的信念が強く、事を構えると面倒なことになるので、あえて触ろうとはしなかったんじゃないでしょうか。

五木さんが言うように、確かに分離派の動きを見ると、いままで見えなかったロシア帝国史の姿が浮かび上がってくると思います。たとえば、ロシアには分離派の資本家が大勢います。日本で知られているところでは洋菓子のモロゾフは、もともと分離派のモロゾフ財閥で、ここがレーニンたちに資金を供給していました。分離派は、官吏や地主にはなれなかったので、商業面で頭角をあらわす人が多かったんですね。

五木　そうなんだよね。帝政ロシアに資本主義は育ってないというけど、初期の資本主義は、この古儀式派から生まれています。モロゾフ一族のほか、リャブシンスキー一族など、繊維工業から出発して、やがて石油、自動車産業にまで発展した資本家がいた。初期の工場労働者は、多く分離派から出ています。彼らは古くから共同生活をし、労働で生きる人たちでしたから。このネットワークがソヴェート（会議）と呼ばれた。

　この古儀式派の人びとは、ロシアの果てから極東のあらゆる国々へ散っていきます。函館には「ロスケ部落」と呼ばれた場所があったけど、そこも古儀式派の集落ですね。彼らは識字率も高かったというでしょう。

佐藤　ええ。

五木　その理由の一つに、スラブ語で書かれた聖書を使っていたからという説があるけど、そうなんですかね。

佐藤　そうだと思います。あとロシア語の『聖書』を読む習慣がありますから。要するに神父の指導を受けずに信者が勝手に『聖書』を読んだらいけないというのが、ロシア正教の普通の態度だったわけで。『聖書』に勝手な解釈をするといけないから、教会の中でだけ読めと。

五木　その点でも、プロテスタントと共通点がありますね。分離派の人々は、原典に帰っているところがやっぱりあるわけですよ。

佐藤　テキストをすごく重視しましたからね。

宗教的な世界観と、いつどこで会うか

五木　ロシアの話からずれてしまうんですが、佐藤さんとはロシア正教だけでなく、宗教についていろいろ話をしてみたかったのです。

僕は佐藤さんの『サバイバル宗教論』を読んで、大きく共感するところが二つありました。一つは、宗教は、布教によって広がるのではなくて、その宗教を信仰している人の姿を見てそれが感染していくのが本来のあり方なんだと。僕もそのとおりだと思います。もう一つは、その人間が人生で最初に出会った宗教的な世界観は、その後、どこへ放浪しようと、結局その鋳型《いがた》から離れることはできないという話にも共感しました。

佐藤　そういう感じがするんですよね。

五木　僕の一番早い記憶というのは、弟の一人が丹毒《たんどく》で亡くなった記憶です。丹毒には

ドジョウを体中に貼るといいって言う人がいて、周りの人たちがいっぱいドジョウを集めて貼ったんだけど、あまり役に立たずに弟は亡くなった。

佐藤　それは日本に戻ってきてからですか。

五木　朝鮮にいたときです。たぶん四、五歳ぐらいのころ。簡単な葬式があって、それから父親と母親が熱心ではないけども、祥月命日《しょうつきめいにち》とか、月々の命日には仏壇の前で正信《しょうしん》偈《げ》を唱えていました。

そのときのことを母親があとから「あんたはねえ、四つか五つぐらいのころに私たちが正信偈を唱えていると、後ろの方でうれしそうに踊ってたよ」と話していました。「帰命無量寿如来《きみようむりようじゆによらい》」って大きな声でうたいながら、ラップのように踊っていたらしいんですよ。正信偈は、親鸞《しんらん》（一一七三～一二六二）がつくって蓮如が編集したものですから、幼いときにその音声が体に入っていたんですか。

のちに蓮如や親鸞のことを書くようになって、「あれ？」と思った。ほんとに不思議な感覚なんですよね。

宗教と音楽の関わりについて

佐藤　逆のケースが作家の高橋和巳《たかはしかずみ》（一九三一〜一九七一）さんです。高橋和巳さんはお母さんが熱心な天理教の信者で、理屈はわかるんだけれども、踊りについていけなかったと語っていたそうです。

五木　踊りと音楽というものは、宗教の中では根本的に大きなものだと思っています。ロシア人がギリシャ正教を受容したきっかけは、ギリシャの教会におけるセレモニーの荘厳さと美しさに魅せられたことにあったと言われていますでしょう。

合唱があり、儀式があり、祈りながら受け念仏のようにアミン（アーメン）ととなえたりする。ステンドグラスからは光が差し込んでくる。そういう場所の美というものに打たれて、ロシア人はロシア正教を受容したという話は、僕にとっては感動的な話として残っているんです。

佐藤　エンターテインメント性がありますね。たとえば香《こう》の使い方を見てもそうで、儀式の始まりではカーテンが開いていて、その中で香がわあーっと焚《た》かれる。あれはエデンの園なんですよね。その後ぱっとカーテンが閉じて、しばらく静かになる。これが楽園追放で、こういった儀式をやることが五一週間決まっているんです。特徴的なのは、儀式に楽器を使わない。楽器は、異教の悪魔の手先のように思われているので。

五木　その分、コーラスがすごい。ギリシャ正教のコーラスはそれは実に感動的なものだ。たとえば、ロシアの有名なドン・コサック合唱団は、白軍の亡命者グループなんですね。ソフィア寺院の大聖堂で歌ってから国際的に有名になっていくんですが、この合唱団のテノールの高さとバスの低さは、世界ナンバーワンだった。

もう一つがサンクトペテルブルクにあるロイヤル・カペラ合唱団。革命後もずっとロイヤルを名乗っていたためにスターリンから嫌われ、日陰の身でずっとモスクワに出られずに過ごしてきた合唱団なんですが、ここも素晴らしい合唱をします。

どうしてロシア人はあんなに合唱が自然にできるのかというと、教会とか日常生活の中で、子供のときから、二部合唱、三部合唱をつけるのが習慣になっているからでしょうね。

このロシア人の合唱の基盤になっているのはウクライナのほうですね。ウクライナからさらにブルガリア、ブルガリアからギリシャにまでさかのぼっているような感じを受けます。

仏教に関しても、もともと音楽だった。ブッダは一冊の教典も書いていないでしょう。真理を悟ったブッダのところに人びとが集まってくるわけだけど、おそらく先生やお師匠さんという感じでもなくて、「先輩、これどう思いますか?」と聞かれて、こうだよ、ああだよ、と答えるような関係だったんだと思います。

佐藤　まさに『かもめのジョナサン』の第四部のような感じだったんですね。

五木　ええ。「彼はこういうふうに言った。いや、あのときはちょっと皮肉な口調で言ったから、それは反語に違いない。だから、こういうふうに解釈した方が正しいだろう」などということを、ブッダの死後、アーナンダとか、弟子たちが話し合って適正なものを決める。決めたものは書くんじゃなくて、記憶するわけです。

それで記憶しやすいように、それを韻文《いんぶん》にするんですね。四行詩にするとか、六行詩にして、一番大事なところにはリフレインをつける。インド哲学者の中村元《はじめ》(一九一二

〜一九九九）さんの原始仏典の本を読んでいると、なぜ同じことを何行も何行も書いているのかと思うけれども、じつはブッダの教えというのは、詩として、あるいはフレーズとして、歌として、記憶され、それが人びとのあいだにうんと広まっていった。それをやがて文字化しようということになって、あんなにややこしいものが出てくるわけですけど、最初は歌ですから。

佐藤　『コーラン』だって歌ですもんね。『コーラン』の朗読会っていうのは、聞いてみると、全部、歌を唱っているわけです。それから、ユダヤ教の『トーラー』つまり『モーセ五書』にしても、全部歌です。

五木　われわれは活字中心になってしまったけれど、どう考えたって、『万葉集』なんて大声で唱っていたんですから。

佐藤　宗教の中では、プロテスタンティズムのカルヴァン派は音楽も遠ざけるし、絵画も遠ざけるし、とても理屈っぽい。イスラムだと、ハンバリー派がカルヴァン派に似ているけど、そうなると、アルカイダみたいな方向に行っちゃうんです。

イスラム教の異端「アレヴィー」

五木　さきほどロシア正教の分離派の話をしましたが、同じように、トルコではアレヴィーという人びとがいるでしょう。

佐藤　トルコで異端視されている宗派ですね。

五木　呼び名自体は、マホメットの娘婿《むすめむこ》のアリから来ているそうです。

僕はこのアレヴィーの集会に行ったことがあるんだけど、公民館みたいなところで集まりをやるんです。そこに男と女が同席して祈る。これはイスラムの正統的なところでは別席だから、大きな違いでしょう。

それから、イスラム教というのは幾何学的な模様はつくるけれども、美術的な絵画とか偶像崇拝はしない。ところがアレヴィーの人たちは、イコンや聖母像などいろんなものを飾って、それを拝んだり、つまり偶像崇拝をする。そしてイスラムは音楽というものはあまり好まないというか、認めないいんだけども、この人たちは歌と踊りをやりますね。集まってダンスパーティみたいなこともする。
だから截然《せつぜん》とイスラム教徒と違って、そのためにアレヴィーは淫祠邪教《いんしじゃきょう》と見なされ蔑《べっ》視《し》される傾向があった。むかし僕がトルコを訪れたときにも、車を運転していた男が「じつは前の職場でアレヴィーだということがばれてクビになって、いまは運転手やってます」とか、さまざまな宗教的差別を受けていた。

佐藤　トルコの隣のシリアにも似たようなグループがあります。シリアを支配しているアラウィー派です。アサド一家もアラウィー派ですね。このアラウィー派もアレヴィー派同様に、かつては非常に虐《しいた》げられてきた宗派でした。

五木　どんな宗派なんですか？

佐藤　アレヴィーと似ています。いろいろな宗教がまじっている土着宗教で、シリアの北西部に神殿を持っているんです。だから正統イスラムからは、一〇〇〇年以上にわたって虐げられて、ものすごくいじめられてきて、最下層に置かれてきた。
ところが第一次世界大戦の後、フランスの委任統治になったときに、フランスの秘密警察が現地の統治をこの被差別民だったアラウィー派にやらせるわけです。それによって人口一二％のアラウィー派がシリアを支配する下地ができて、その支配体制が現在に至るまでずっと残っているんです。アラウィー派からすれば、長きにわたって虐げられてきた記憶があるから、アラウィー派以外を国民だと思っていない。だからアサド大統領派は、自国民に対して化学兵器を使用することさえ躊躇《ちゅうちょ》しないんです。

こうした特殊事情を抱えるシリアに「アラブの春」が押し寄せました。「アラブの春」が起きたどの国でも、反体制勢力としてスンニ派の「ムスリム同胞団」が顔を出すんですが、シリアにはムスリム同胞団がいなかった。現アサド（一九六五〜　）大統領の父、ハーフィズ・アル＝アサド（一九三〇〜二〇〇〇）前大統領が皆殺しにしたからです。

そのため、反体制運動が起きても、まったく運動がまとまらない。それでシリアは内戦状態になってしまった。さらに混乱を加速させたのが、レバノンからアサド支援で入ってきたシーア派の過激派組織ヒズボラ（神の党）です。これでアサド側が盛り返す。すると、今度はシーア派に対抗するために、イラクのアルカイダ系が入って大混乱になった。そこにさらに便乗したのが「イスラム国」です。その意味では、アラウィー派の問題は、「イスラム国」に直結しているわけです。

少し「イスラム国」のことにも触れておくと、「イスラム国」は初期のソ連とすごく似ています。マルクス主義の考え方からすれば、プロレタリアートは祖国を持たない。それなのに、なぜソ連という国家があるのかというと、それは国家をなくすための暫定《ざんてい》国家という考えなんですね。だから、レーニンはソ連のことを「半国家」と言いました。「イスラム国」も、実はタリバンもそうなんですが、世界イスラム革命をやるための過渡国家なんです。そういう意味では、ソ連とすごく似ています。

いずれにしても、シリアのアラウィー派がそうであるように、異端の問題が世界を動かしているのは確かです。

五木　やっぱり異端の問題というのはじつは隠れているけども、文化、思想、政治、民族問題の底流として、歴史を動かしているんじゃないかと感じます。そして異端とは言うものの、無条件にぽこっと出てくるんじゃないんですね。そういうふうに枝葉が分かれるんだけれど、分かれた枝葉の中で主流派と、そして排撃される分派があって、その分派がじつは隠れながらも、ものすごく大きな力を滅びずに持ち続けている。

ただ、トルコのアレヴィー派は最近は様子が変わってきて、少しずつ「俺はアレヴィーだ」とカミング・アウトする人が増えてきたといいます。それにつれて、音楽や踊りなど、アレヴィーのさまざまな文化が外の世界に広がるようになりました。

もう何十年も昔の話だけど、イスタンブールへ行くと、昔の歌声喫茶みたいに、アレヴィーの歌をサズという琵琶《びわ》に似た楽器を弾きながら唄う喫茶店・カフェがいっぱいできていた。こんなことはいままでなかったことで、イスラムの体制側もどんどんアレヴィーを認めていこうという空気に変わってきているのかもしれません。

異端の信仰「隠れ念仏」

五木　日本にも同じように異端の宗教があるのに、全然知られていません。
九州南部の鹿児島、熊本、宮崎の一部には「隠れ念仏」と呼ばれる信仰がありますね。薩摩《さつま》藩では、一六世紀末から一向一揆《いっこういっき》を恐れて、一向宗つまり浄土真宗《じょうどしんしゅう》の信仰を禁止するんです。そこで信者たちは、藩の役人に発覚しないように、「ガマ」と呼ばれる洞穴《ほらあな》に仏具を隠して、そこに集まってひそかに法座《ほうざ》を開いたりしていたわけですね。

もちろん露見したら大変なことになります。実際、激しい政治弾圧のもとで、大勢の人間が処刑されたり拷問されたりしました。それでも信者たちは、浄土真宗が禁制になっていた三〇〇年あまりの間、隠れ念仏の伝統を守り続けて、明治になってやっと出てくるんですよ。

こんな壮絶な歴史があるのに、学校ではまったく教えないでしょう。隠れキリシタンの話は歴史の授業で教わるのに、隠れ念仏のことはほとんど知られていない。

佐藤　隠れ念仏の信者たちは、一揆という手段は取らなかったんですか。

五木　そこが興味深いところです。一般的に、隠れて信仰していたことが発覚した場合、民衆の抵抗の仕方には二つある。一つは一揆です。これは説明は不要ですね。でも、薩摩の「隠れ念仏」の信者たちは、必ずしも一揆という手段は選ばなかった。じゃあどうするかというと、「逃散《ちょうさん》」という選択をするんです。

佐藤　その土地から逃げるわけですか。

五木　そうです。じつは親鸞も、弾圧が続いたときは「念仏の縁尽きたりと覚悟してその地を逃散せよ。そこを去って念仏のできる土地に生きよ」と「逃散」を説いています。南九州では時に、信者の村全体が一斉に逃げて、一夜にして無人の村になるんですね。
しかも逃散する場合、逃散奉行《ぶぎょう》という間者《かんじゃ》まで入り込んで調べるから、内密に内密に何年もかけて逃亡計画をたてるわけ。そのために子供は足手まといになるからと産まないようにする。そうやって周到な用意をして、ある日一夜にして忽然《こつぜん》と村全体が他藩に逃げていくんです。

佐藤　他藩はすんなり受け入れたんでしょうか。

五木　それ以前から、他藩の方ともずっと交渉しているんだね。たとえば開墾地はあるのに、人手が足りないという藩が近隣にいっぱいある。そういうところは労働力が欲しいわけだ。だから来てくれるんだったら念仏を許すと。そういう条件交渉をして、逃散するんですね。こうした隠れ念仏の逃散は、ロシアの分離派にも似ていると思いませんか。

佐藤　分離派も虐げられた末に、放浪していくわけですからね。

五木　そうなんです。歴史を遡《さかのぼ》れば、モーセの出《しゅつ》エジプトもそうかもしれないけど、僕はどこか民衆が支配者に抵抗して逃散や逃亡をするような動きに惹《ひ》かれるんですよ。

信仰を二重に隠す「隠し念仏」

五木　一方で、東北の方には「隠し念仏」という信仰がありますね。この隠し念仏は、真宗系だけでなく、真言密教的な要素や、古くから東北地方にあった民俗宗教などがかぶさって、独特の信仰を形づくってきたものです。

佐藤　さきほどの隠れ念仏とは、また違うんですか。

五木　かなり違うんですよ。一番違うのは、「隠し念仏」の場合、浄土真宗の本山《ほんざん》である京都の本願寺とのつながりがないことです。

九州南部の「隠れ念仏」の信者たちは、念仏禁止のあいだも、本願寺とはひそかに通じていて、志納金《しのうきん》と呼ばれるお布施を送り続けていました。つまり本願寺とつながりながら、幕藩権力から「隠れ」ていたんです。

一方、東北の「隠し念仏」は、お寺も檀家《だんか》もお布施もない在家《ざいけ》信仰なので、本願寺からも異端、邪宗《じゃしゅう》として糾弾されていた。当然、幕府も檀家制度のない信仰なんて認められないから厳しく取り締まった。そのため、「隠し念仏」の信者たちは、幕府に対しても、本願寺に対しても、自分たちの信仰を「隠す」わけです。

佐藤　信仰を二重に隠さなければいけないんですね。

五木　そうなんです。この「隠し念仏」は深夜の秘儀をやる。僕も同席したことがあるんですけど、「オモトヅケ」とか「オトリアゲ」と呼ばれる幼児洗礼のようなことを行うんです。でも、儀式を仕切るのはお坊さんじゃない。さきほど言ったように、職業的僧侶はいないんですね。

そのかわりに、普通の商売や百姓をしている人たちが導師さまとか善知識とかいわれて、そのときだけいわゆる司祭のような役割を務める。子供たちは導師の指示で、合掌《がっしょう》しながら念仏を唱える。儀式は深夜に行うんですが、導師がもらっていくものは床の間に供えてあるお菓子とかミカンとかだけ。報酬を受けないんですよ。

佐藤　地域的に東北のどのあたりまで広がっているんですか。

五木　岩手県が中心ですが、青森から宮城、福島の一部まで、独特の「講《こう》」のような形で広がっているんです。かつての盛岡藩、八戸《はちのへ》藩、仙台藩だった地域ですね。特に岩手では一時期、信者が激増して、かなりの数になっていたらしい。

でも、岩手ってもともと曹洞宗《そうとうしゅう》が盛んでしょう。だから「隠し念仏」の信者も、表向きは曹洞宗のお寺の檀家になっている家も多いんです。そういう家では、葬式や法事はそのお寺で最初はやるんですけど、その後に「隠し念仏」の信者たちが集まる儀式もやるんですね。

佐藤　二回やるわけですね。いまもまだ、その信仰は続いているわけですか。

五木　続いています。ところが、いまだにその地域の教育委員会に行って「隠し念仏はどうなってます？」と尋ねると、「そんなものは絶対ありません」と、断固として否定するんです。

異端中の異端——カヤカベ教とは

五木　「隠し念仏」の二重構造は、じつは九州にも見られます。それはさきほど言った

「隠れ念仏」の一派とされている「カヤカベ教」です。

彼らはかつて表向きは神道《しんとう》の信者として、「神道霧島講《きりしまこう》」と称していたりもした。だからカヤカベ教の家には神棚があるんですが、その神棚の奥に隠し仏壇があるんです。

佐藤　カヤカベはどのような教義なんですか。

五木　それが不思議議で、宗教的タブーがたくさんあるんですね。鶏や牛を食べないとか、「精進日《しょうじん》」とされている日には、牛乳やマヨネーズなど、生臭《なまぐさ》いものは一切食べないとか。もともと、鹿児島県の牧園《まきぞの》町（現霧島市）にある小学校で、給食のときに一部の生徒が牛乳を飲まないということが、カヤカベ教の調査のきっかけになったと聞きました。

タブーの中では特に鶏肉を食べないということが、カヤカベ教徒としての大きな条件になっています。その理由は、天照大神《あまてらすおおみかみ》が高千穂《たかちほ》に天下りをしようとしたとき、下界が霧なのか島なのかを知るために、鶏を下ろして確かめたという説話によるんです。

佐藤　鶏は神のつかいだから、食べてはいけないんですね。

五木　そう。だから神道を装っているといいながら、独特な神仏習合の傾向もあるわけです。そういう意味では、異端中の異端とさえいえるかもしれません。

僕がこのカヤカベに惹かれるのは、一切文書《もんじょ》は残さず、すべて口伝《くでん》で語り伝えてきたことです。二時間、三時間に及ぶ口伝をみながすべて覚えて、それを言い伝えてきた。ところが、もう口伝を伝える人がいないんですね。息子たちが後を継ごうとしないし、その口伝を覚えようとしないから、今やカヤカベ教というのは絶滅しようとしています。僕はその口伝をテープに録《と》って全部残してますけど。

宗教は土着化して広まる

佐藤　いまお話しくださった土着の宗教は、五木さんがさまざまな著作で書かれている「デラシネ」に通じるように思いました。

五木　「デラシネ」という言葉は根無し草のような言い方をされるけど、そうではなくて、強制的に根こぎにされた人々のことなんです。たとえば、スターリンによってシベリアに強制移住させられた人、難民キャンプにいる人がデラシネです。

この話は何十年も続けているんだけど、セイタカアワダチソウは、地面を引っ掻《か》いたところによく繁殖するといわれていますね。炭鉱地帯はいつも地面を掘り返しているから、セイタカアワダチソウが育ちやすい。だから、かつては筑豊《ちくほう》の遠賀《おんが》川の流域は、一面セイタカアワダチソウが繁茂《はんも》していました。

でも、セイタカアワダチソウはもともと北米産のデラシネなんですよ。一定の場所に定着せずに、どんどん移動していきます。

日本では、田中角栄《たなかかくえい》（一九一八〜一九九三）の日本列島改造のころから高速道路が普及していったでしょう。それと一緒にセイタカアワダチソウも、九州から本州へ東上していくんです。大阪を経て東京まで来て、東京からさらに東北へ伸びて、いま千歳《ちとせ》までセイタカアワダチソウが繁ってます。

だけど、セイタカアワダチソウが繁殖する場所はススキと競合するわけ。ススキの生えているところにセイタカアワダチソウが生えると、セイタカアワダチソウは根に毒性があるから、ススキを全部枯らしてしまう。しかも、背が高いから、周りは日陰になって雑草も生えない。

そのために、セイタカアワダチソウ退治運動というのが始まって、自衛隊が火焔《かえん》放射器で焼いたという話が流れたり、一株何十円という報奨金を出して、セイタカアワダチソウを刈らせたこともありました。

　ところが、その内にセイタカアワダチソウの背丈が少しずつ低くなっていったんですね。これは生物学では「馴化《じゅんか》」というそうで、敵視されたままでは生存できなくなってしまうから、背を低くして適応したんだと。だからいまでは、背を低くしてススキなどの在来種となごやかに同居している光景が見られる。

　文化や宗教が根づくのも同じだと思います。たとえばキリスト教がドイツに入ったら、ゲルマン的なものと結びつくし、ケルトに行っても、ケルト的なものと習合して変わっていくんです。逆に、変わらないものは駄目になってすたれていく。

佐藤　アメリカのキリスト教もそうですね。アメリカの大統領が聖書に手を置いて宣誓するときに「神（God）」という言葉を使うけれども、「キリスト」とは言わない。キリストと言うと、ユダヤ教徒やイスラム教徒を排除することになってしまうからです。
　アメリカで強い影響力があるのはユニテリアンというグループですね。ユニテリアンの特徴は、キリストは偉大な教師であって、神の子ではないと。この考え方に立つと、ユダヤ教もイスラム教も一神教はだいたい包摂《ほうせつ》できてしまう。宗教学者のロバート・ベラー（一九二七〜二〇一三）は、こうした事情を分析して、アメリカというのは、キリスト教国じゃなくて、アメリカ独自の市民宗教があるんだと言っています。

五木　同じようなことは、イギリスでもドイツでも起こっているんでしょうね。

佐藤　そうですね。日本でキリスト教がどうして定着しなかったのかといったら、土着化に失敗したからでしょう。

五木　神学の専門家の佐藤さんが言うと説得力がある。仏教でも、日本の仏教は、インドの仏教とまるで違いますからね。スリランカ仏教とも、中国の仏教とも違う。これは違うから残ったんですね。

佐藤　魚木《うおき》忠一《ただかず》（一八九二〜一九五四）さんという神学者は、『日本基督《キリスト》教の精神的伝統』という本の中で、純粋なキリスト教は存在しないという主張をしています。キリスト教というのは、それぞれの地域の文化に触発されて類型をつくってきたというんです。

最初にパレスチナにあったキリスト教はヘレニズム世界に広がり、ギリシャ類型、そしてカトリックになってラテン類型、その後、宗教改革によってゲルマン類型だとか、アングロサクソン類型になり、そのうちスラブ類型というものが生まれてくるのではないかと。

じゃあ、日本はどうかというと、一九世紀以降に日本類型は出てきた。でも、日本類型は日本の精神的伝統の中になければならないということを言いました。日本の精神的伝統というのは、日本に受容され土着化した仏教です。

魚木さんは、仏教の本質は苦の中から人間を救う救済宗教だといいます。日本のキリスト教徒はこの仏教の精神的伝統の中でキリスト教を受け入れているからこそ、救済に対する感覚が強い。さらに、秩序に関しては儒教の影響、自然観に関しては神道の影響もあります。だから、仏教、儒教、神道との相互触発を考えないと、日本キリスト教は成立しないと考えたんです。

五木　セイタカアワダチソウの話とまったく同じですね。それぞれの国のキリスト教は全部変貌して定着する。変貌しないで定着する宗教はないんです。

慈円はグローバリストだった

五木　『サバイバル宗教論』でもう一つおもしろく思ったのは、慈円《じえん》（一一五五～一二二五）のことです。慈円については、天台宗の座主《ざす》であり、当時の摂政・関白である九条《くじょう》兼実《かねざね》（一一四九～一二〇七）の弟であるというぐらいの関心しかなかったから、佐藤さんが書いていた慈円の百王説は非常におもしろかった。

佐藤　読者のために少し解説をしておくと、慈円の『愚管抄《ぐかんしょう》』というのは、鎌倉時代に書かれた歴史書です。その中で慈円は、「王朝は百代で滅び新しい王が生まれる」という百王説を唱えている。この百王説というのが、いわば中国流グローバルスタンダードの考え方で、慈円はそれを日本にも適用する。慈円の時代は天皇八四代目だから、あと一六代で一〇〇代になると、日本も王朝交代があるだろうと。

五木　僕は、小説『親鸞』の中で慈円をけっこう登場させているんですけど。彼が権力に対して、そういう冷めた見方を持っていることは全然気がつきませんでした。

佐藤　この慈円の説を一蹴したのが、北畠親房《きたばたけちかふさ》（一二九三〜一三五四）の『神皇正統記《じんのうしょうとうき》』です。要するに、大日本《おおやまと》は神の国だから、百王説は適用できないということを、北畠親房は切々と説くんです。つまり、慈円のドクトリンを排除することが、南朝イデオロギーをつくるうえの核なんだと北畠親房は考えた。そうじゃないと、グローバリゼーションになってしまうんです。

五木　慈円と北畠親房の違いは、法然《ほうねん》（一一三三〜一二一二）と親鸞の違いとよく似ていますね。正法《しょうぼう》・像法《ぞうぼう》の時代が終わって、末法《まつぼう》の世に入ったというのが、法然が念仏を唱える一つの根拠でしょう。彼は時期相応の宗教として、口称《くしょう》念仏、易行《いぎょう》念仏を唱えるわけだから。

それに対して、親鸞は時期ということと関係なく、永遠の真理として念仏を捉えようとするんです。

だから、法然は「いまは」というのに対して、親鸞はいまではなくて、「永遠に」が正しいという。おそらく慈円の中にも、末法の世という考え方が強くあったんだと思いますね。

実証主義では見えないもの

五木　少し宗教から脱線してしまいますけど、かつて山田風太郎《やまだふうたろう》（一九二二〜二〇〇一）さんが「小説家にとってみれば、平安末期から鎌倉の初期にかけてが一番書きづらい、ややこしいところで、あそこは手を出しちゃいかん」とおっしゃっていて、確かにそのとおりなんですね。学者の説というのはどんどん変わる。

佐藤　それはもうしょっちゅう変わりますからね。

五木　学者の説は実証があるかないかだけが重要なんですよ。たとえば実証的には、平安時代のサラ金みたいなところは「借上《かしあげ》」というわけですね。それがやがて鎌倉から室町になると、「土倉《どそう》」という金融業が京都を支配するようになっていく。

土倉というのは、大きな倉をいっぱい持つようになって資本を貯えることができるから、そういう名前が出てきたんでしょう。ところが僕が土倉という言葉を小説で使うと、「土倉は時代からいうと、鎌倉の途中から室町時代にかけての言葉です」と直されるんです。でもそれは資料に残っているだけの話であって、「大きな倉を建てている奴らは土倉だ」って、民衆のあいだで言われていたかもしれないじゃないですか。人びとのあいだで借上という言葉は、ちょっと軽いんですよ。

もう一つ例を挙げると、鎌倉時代には宋銭《そうせん》がすごく流通していました。日本でも貨幣鋳造《ちゅうぞう》は奈良時代からずいぶんあったけど、みんなうまくいかなくて、結局は中国からお金を輸入する。それがみんな一文銭《いちもんせん》なんです。一〇文銭も五文銭もない。で、一文を一〇〇枚束ねて一束にして、それを一差《ひとさ》しとかっていうんだよね。だからものすごく重いんですよ。

一〇〇〇文、つまり一貫文《かんもん》の価値がどのくらいかというと、時代によって違うんだけど、平均して米一石《いっこく》とされている。

ここまでは前置きですけど、親鸞のことを調べると、関東の方からの上納金みたいなものを布施してもらっているんですね。ときには、何貫文とか。問題は、どうやってそれを関東から京都まで持ってきたかということなんです。

僕は、持ってこられないと思うんですよ。山賊も出れば、川も船で渡れない時代ですから。だって、一差し持っただけでも、ズシッと重いんですよ。それを五つ持ったら、もう旅人は持てない。そうすると、当然のことながらそこには為替《かわせ》が出てくる。

これも小説に書くと、当時はまだ為替はなかったと言う。なかったと言われたって、重すぎて持ってこれないんだから、為替というのはもう既に発達して、私的な手形のようなものが民間のあいだで流通していたに違いないんですよ。ところが物証がないから、為替が登場するのはあとの時代だと言われる。

佐藤　物証がなくても、確実にあることってありますからね。キリスト教神学ではそういうことを原歴史といいます。

五木　何貫文なんて銭を背負って長い旅路をやってくるわけないんだからね。書付《かきつけ》みたいなものがあって、それを京都の然《しか》るべきところに持っていくと、現金に換えてくれるというものが絶対あったはずだと思うけど。

宗教と経済の密接なつながり

五木　鎌倉初期に、金融の資本を担っていたのは南都《なんと》北嶺《ほくれい》ですね。奈良や京都の大寺です。比叡山は当時の日銀《にちぎん》だったと言う人もいるぐらいで、初穂料《はつほ》とか荘園《しょうえん》からの収入、牛馬の売買や座《ざ》（同業者組合）の許可、さまざまな通行権や航海権などを含めると、比叡山に集まるカネというのは莫大なものでした。そうすると、それを運営する専門のお坊さんが必要になって、そういう人を借上法師《かしあげほうし》といった。

佐藤　バチカンと一緒ですね。バチカンにも銀行担当の神父がいますからね。

宗教とお金というのは、非常におもしろいテーマですよね。たとえば、スペインやポルトガルがあれだけ貿易で稼いだにもかかわらず、なぜ資本主義が生まれなかったかというと、カトリックの信者はみんな最後に教会に寄進してしまうんですよね。修道院に寄進して、自分のことを天国に行けるように祈ってくれと。そうやって、カトリックが強いところだと、儲けて蓄積したお金を投資じゃなくて、寄進にまわしてしまう。だから、スペインやポルトガルには資本主義が成立しなかったんですね。

五木　そのとおりでしょうね。なぜあんな壮麗な教会や施設が次々に建つんだと思っていたけれども、金持ちが死ぬ前に教会に遺産を当時の習慣でそっくり寄進していたからでしょう。ポルトガルなどに行くと、ビックリしますよ。よくこんなゴージャスな教会が建ったと思うけど、宗教の教団というのは、大きな経済的エンジンだったんですね。東大寺や大仏の建立などは、当時のケインズ政策みたいなものです。蓮如の山科の本願寺もそう。

神国アメリカでも、ドル札を見ると、IN GOD WE TRUSTと書いてある。貨幣という一つの経済のシンボルまでも、宗教的な色彩を否応なしに帯びざるを得ないというところがアメリカが神国たるゆえんです。プーチンだって教会の人を就任式には呼ぶからね。

老年の思想である仏教の強さ

五木　宗教という問題に関しては話は尽きませんが、宗教に関連して年齢の話をしておきたいんです。昔は、長生きはそれだけで尊敬されたと思うんですよね。ブッダが八〇、法然も八〇。親鸞が九〇というのは別格です。蓮如も八五でしょう。それに対して、空海《くうかい》（七七四～八三五）とか道元《どうげん》（一二〇〇～一二五三）、日蓮《にちれん》（一二二二～一二八二）は当時としては短くないですけど、法然、親鸞に比べると短命という感じがします。親鸞の九〇歳というのは、当時の想像を絶してますね。

佐藤　二人分、生きてるわけですからね。

五木　これも僕の持論なんですが、ある宗教の持っている雰囲気というのは、教祖なり指導者なりが亡くなった年齢と関係があるような気がしてしかたがないんです。キリスト教には、夢や希望、愛や理想があり、青春というようなものを感じます。だから、若い子たちが教会で結婚式をあげたいと思うのは無理もないんです。その意味でキリスト教は青春の宗教なんですよ。

それからイスラムというのは、社会人の宗教のように思います。実際、社会のうえで、どういうふうに生きていくかという実践的なことまで、コーランには詳しく書いてあるわけだからね。そうなると、仏教というのは六〇過ぎてからの老年の宗教ということになってくる。

佐藤　だから仏教が一番強いんですよ。人間にとって最大の問題は死です。その死のところから考えて、どういうふうに人生を意義づけるのか。あるいはまったく意味がないと考えるのか。でも、いずれにせよ、死後の世界からは、もう帰ってこれないわけですから。

五木　ブッダが結局、霊の世界とか、死後のことについては口をつぐんだ。「無記《むき》」と書かれているのは、やっぱり自分で体験して確認したことしか語らないという姿勢があったからですよね。死んだ世界に行ってきたわけでもないし、霊の世界にも行ったわけじゃないから、それについては、ないとも言えず、あるとも言えず、私はそれについては語らないと。この無記という姿勢は、すごくいいような気がするんですが。

佐藤　そうですね。死は善でも悪でもない。

五木　それでも、人びとは死後のことを考えてしまうものです。恵心僧都源信《えしんそうずげんしん》（九四二～一〇一七）の仏教書『往生要集《おうじようようしゆう》』を読むと、地獄の様子がリアルに描かれている。その当時の人たちの心の中で願うことっていうのは、地獄に堕《お》ちたくないということに尽きるんです。

生きてて地獄、死んで地獄じゃ、もうどうしようもないじゃないですか。彼らにしてみれば、動物の命を奪って、生業《なりわい》を立ててる人間でも、それでも地獄へ行きたくないと思うのは当たり前でね。

佐藤 仏教の地獄のイメージっていうのは、詳細かつ深いと思うんですよ。だから悪に対する洞察も強い。キリスト教の地獄のイメージ、特にカトリシズムとプロテスタンティズムの地獄のイメージは、すべてダンテ（一二六五〜一三二一）に頼ってますから。ダンテを一冊読めば、地獄は全部わかります。その意味では、悪に対する感覚というのは、やっぱり弱いんです。古代の神学者アウグスティヌス（三五四〜四三〇）は、悪というのは善の欠如と言ったけど、そのぐらいに思っている。

五木 なるほどね。しかし、佐藤さんは人生の後半に宗教を選ぶことができると思いますか。僕はけっこう難しいと思うんです。佐藤さんが本に書かれているように、宗教というのは、両親の葬式に立ち会ったとか、あるいは子どものときに「クリスマスキャロル」を歌ったとか、そういうことが一生トラウマのように、ずっと人の記憶の中に残り続けていくものです。その部分こそ宗教的な核になるものだということを考えると、人生の後半になって、自分の思想や哲学の中から宗教を選択するということは難しいんじゃないか、と。

佐藤　選択していると思っていても、じつは自分の中の核に戻るんですよね。

五木　僕が自力《じりき》というのが難しいと思っているのは、そこなんですよ。どんなに自助努力でがんばっても、深いところで人間は見えない世界の力に動かされるものなんです。でも、アメリカでは他力《たりき》っていう考え方はほとんど通じないですね。

佐藤　確かにアメリカでは、他力という発想は弱いと思います。なぜかというと、先ほども言いましたが、アメリカではユニテリアンというキリスト教が主流だからです。ユニテリアンは、イエス・キリストは神の子じゃなくて、「偉大な教師」だと考えます。この教師を尊敬して、努力すれば、手の届かないものにも届く力が備わるんだと考える。そういう自力の発想が、宗教的にも根づいているんですね。

第三部　詩人が尊敬される国

ロシアは教師であり脅威でもあった

五木　鎖国下にロシアから帰国した大黒屋光太夫《だいこくやこうだゆう》（一七五一～一八二八）以来、ロシアというのは日本にとっての最大の関心事でした。明治期でもロシアは非常に大きな脅威だった。これで満州を支配され朝鮮半島まで来たら、もう日本は終わりだと、『坂の上の雲』の時代の人たちは憂えていた。そこで、敵を知らなきゃいけないということで明治人はロシアのことを猛烈に勉強するわけですね。

それと同時に、一面ではロシア文学というものは、日本の文学者だけでなく、日本人にはかりしれないほどの影響を与えました。

佐藤　ロシアは教師であり脅威だったんですよね。なぜ教師かというと、後進国という点で日本と二重写しになるからです。西欧先進国の文物を急速に採り入れていかないといけないんだけれども、思想や精神性は伝統的なものを維持したい。その点で日本とロシアは非常によく似ているんです。

けです。

五木　ロシア文学には、文明開化のころの日本の知識人と共通の悩みがあった。グリボエードフ（一七九五〜一八二九）の戯曲でいえば、『知恵の悲しみ』を共有していたわけです。

先にも話が出た内村剛介は、「知恵の悲しみ」という訳は間違っていて、「知恵の災い」「知恵の災厄」と訳すべきだと言っていましたが、ロシア人のインテリゲンチャーは、スラブ的なものと西欧の新しい文物とをどういうふうに両立させるかということを悩みに悩み抜いた。インテリという言葉はロシア語からきている。これはもうドストエフスキーのテーマでもあったわけだから。

佐藤　『知恵の悲しみ』のおもしろさはなかなか日本には伝わらないですよね。同じ喜劇とくくられる作品でも、官僚の腐敗を描いたゴーゴリ（一八〇九〜一八五二）の『検察官』（一八三六）だと、現代の日本にも翻案して十分通じますけどね。

五木　ゴーゴリの喜劇は日本の現在を予見しているところがけっこうあるんですよ。たとえば『死せる魂』（一八四二）という小説は、ペテン師が、死んだ農奴《のうど》の名義を買い取って儲けをたくらむというストーリーですが、日本でも親の死を隠して、高額の年金を受け取り続けた事件がありました。

佐藤　まさに「死せる魂」そのものですね。

五木　ゴーゴリの予見性は卓抜です。亡くなった人を押入れに入れた事件などはゴーゴリがきいたらびっくりするでしょう。

佐藤　現代の即身成仏《そくしんじょうぶつ》ですね。

「識詩率」が高いロシア

佐藤　ロシアというのはソ連が崩壊するまで、驚くべき読書大国でした。それには理由があって、ソ連崩壊まではポルノも含めて消費的な文化産業が入ってこなかったので、読書は普通の人の娯楽だったんです。だから、刷る部数もすごい。たとえばドストエフスキーの『罪と罰』が時々刷られると、だいたい二五万部ぐらいは刷られるし、それがその日の内になくなってしまいます。だいたい小説というのは一〇万部単位で刷るのが当たり前の時代でした。

五木　小説家の黄金時代というものは、一九世紀のロシア文学で終わったんだと思います。

いまでは想像しづらいですが、ドストエフスキーの葬儀には五万人の人が参加したといいます。トルストイ（一八二八〜一九一〇）がヤースナヤ・ポリャーナという村からモスクワへ出てくるという話が伝わると、当日モスクワの駅頭に群衆が山のように集まる。そして、街路樹とか電柱にまで上って、みんなが一目トルストイの姿を見ようとしたという。AKB48どころの話じゃないんです。当時のロシア人が持っていた文学者に対する尊敬の念というのは、ちょっと信じがたいものがありますね。

同じように、ロシア人に驚かされるのは、詩をものすごく愛しているところです。国こそちがいますが、アフガンのゲリラの連中と一緒に走り回っていた若い人が、ふとしたときに、アフガニスタンは日本に比べると、識字率は低い。しかし日本人は識詩率が低いようだ、と言っていた。「識詩率」というのは、詩を朗誦《ろうしょう》するということですね。

アフガンの荒野で山腹に露営してたき火を焚いて、夜に見張りを立てて泊まったりしていると、一人がたき火の周りで古い詩を朗々と朗誦し始める。そうすると、みんながそれに一斉に唱和《しょうわ》する。昔の日本だと「小諸《こもろ》なる古城《こじょう》のほとり」みたいなことを唱和するんだね。そうやって、国民みんなが詩を大事にするし尊敬する。この点は、本当にびっくりします。

佐藤　ロシアを担当する日本の外交官でも、「ウモーム　ラシーユ　ニ・パニャーチ　アブシーニム　オープシム　ニ・イズメーリチ……（知恵でロシアはわからない、一般の物差しでは測れない……）」と、チュッチェフ（一八〇三～一八七三）の四行詩みたいなものがすぐに出てこない人は尊敬されませんね。

五木　僕が以前、サンクトペテルブルクに行ったとき、通訳兼ガイドの人が自宅に招待してくれたんです。その家で、僕はアンナ・アフマートヴァ（一八八九～一九六六）という詩人の葬儀の様子をドキュメントで撮ったDVDを見せたんですよ。

するとそれを見た瞬間に、そこの親父さん、おふくろさん、娘、息子みんな一斉に「おお、アニョータ！」と叫び声をあげ、アンナ・アフマートヴァの詩を家族みんながお経のように斉唱し始めたわけ。いやあ、この国もすごいなあと思った。アンナ・アフマートヴァはプーシキン（一七九九～一八三七）と違って現代詩人ですよ。スターリン時代に軟禁され、絶えず監視されるような生活を送っていた。

佐藤　旦那《だんな》さんで同じく詩人のニコライ・グミリョーフも銃殺されてしまいますね。

五木　息子も逮捕される。今は記念館になっている彼女の家を訪れたことがありますが、家に本は三冊しか置いてなかった。聖書とシェークスピアとプーシキンの三冊です。

　彼女は長い長い長編詩を書いている。だけどそれは、書いてはいないんです。毎日毎日ワンフレーズかツーフレーズを、ひそかにお手伝いに来ていた女の人に口で伝えるんです。するとその人がそのフレーズを覚えて帰ってメモをする。そんなふうにして記憶の中で紡がれた詩といわれる大長編詩が完成するんです。

　字に書かずに、お手伝いさんにぼそぼそっと日常会話をしてるような感じで語っていたから監視の目を逃れられるんですね。この話なんてやっぱり感動的ですよ。

ロシア人の魂をつくりあげたもの

五木　ロシアというのは、そういう国なんです。特別な文学愛好者でもない家族たちにとっても、詩人になるということは一国の首相になるより、ずっとすごいことなんです。だからエセーニン（一八九五〜一九二五）が最初に詩集を出したときに、お母さんに「僕は詩人になった」とものすごく興奮した手紙を書くわけです。

佐藤　詩人を尊敬する感覚は、いまのロシアにもありますよね。

五木　いまもあります。だから、プーシキンの記念祭なんていうときは、ただ事じゃないですよ。ロシア人の魂をつくりあげたのはプーシキンだと国民全体が思っている。

これは日本とは大きく違うところです。平安時代の歌人に対する憧れといってもインテリ層の話でしょう。ロシアの場合、詩を愛好するのは庶民レベルですから。

佐藤　本当にそうですね。食料品店の売り子でも、プーシキンの詩を暗唱してますから。ロシアでは暗唱の習慣が刷り込まれていることも大きいかもしれません。ロシアの国語の教科書には、文法と読本の二種類があるんです。読本は要するに文学ですが、ロシアの学生は、小学校五年生ぐらいから高校二年生まで七冊の読本を全文暗唱します。だから、ロシア人というのは記憶力が非常にいい。子供のころにちゃんと暗唱によってメモリーを増設してあるんですね。それは生活とリズムで結びついてます。

五木　日本もある時期までは、漢詩を暗唱する習慣はあったんですよ。高校でもそうだった。川中島《かわなかじま》の戦いを詠んだ頼山陽《らいさんよう》（一七八〇～一八三二）の「鞭声《べんせい》粛々《しゅくしゅく》夜河《よるかわ》を過《わた》る」なんて一節は、国民みんなが知っていたわけだから。でも、そういう習慣もすっかり消滅してしまいました。世界中で日本ほど詩人が関心を持たれない国というのはないんじゃないですかね。

佐藤　出版社に「詩集を出したい」なんて言ったら、だいたい「勘弁してください」と言われますよね。「買い取ってくれますか」みたいな話になりますもんね。

五木　よく言われるのは、日本人のほとんどの人がある俳人の俳句を三つ言えると、その人は国民的俳人だそうです。芭蕉《ばしょう》（一六四四～一六九四）は言えますよね。蕪村《ぶそん》（一七一六～一七八三）になるとちょっと怪しい人もいる。小林一茶（一七六三〜一八二七）はまあ言えるんじゃないか。こういうふうに挙げていくと、三つの句がすっと出てくるような人って、僕にしても二、三人しかいない（笑）。

佐藤　詩になるともっと少ないし、現代詩になると壊滅的じゃないですか。

五木　だって現代詩は目で読むしかないんだもの。谷川雁《たにがわがん》（一九二三～一九九五）さんも一時期はものすごい熱狂的なファンがいたけれども、それにしたって谷川さんの詩を一行誰かが読むと、全員がそれを唱和するという雰囲気は一九五〇年代はあったけど、いまはないじゃないですか。だから、非常にこの国は特異な国だと思うんです。

佐藤　いや、でもそこのところはむしろ演歌に流れていったんですよ。

五木　ああ、そうかもしれません。これは三つは出てくるね（笑）。阿久悠《あくゆう》（一九三七〜二〇〇七）の作詞で三曲挙げろと言ったら、誰だってすぐ出てくる。そう言えばそうですね。

佐藤　おそらく詩を暗唱するという習慣は、節回しが加わって演歌に流れたんですよ。

五木　なるほど。

長音階の世界と短音階の世界

五木　歌謡曲に関連して話しておきたいのが、長音階と短音階のことです。明治以来、われわれの公式の音楽教育の中では、長音階というのは伸びやかで健康的で明るくて、短音階というのは切なくて哀しげで暗いというふうに教えられてきました。

佐藤　演歌や歌謡曲というのは短音階が多いですよね。

五木　そうなんです。そのことを、高木《たかぎ》東六《とうろく》（一九〇四～二〇〇六）さんは事あるごとに、だから日本の歌謡曲はダメだと、テレビでしょっちゅう言っておられたんです。高木東六という人は戦争中に「空の神兵《しんぺい》」という大ヒット曲の軍歌を書いた作曲家です。ほかにもたくさん曲を書いています。

僕は高木さんの意見に疑問を持って、長音階が主流の地域と短音階が主流の地域を地球儀に色分けして塗ってみた。そうすると、圧倒的に短音階の世界の方が広いことに気づいた。

たとえばフォルクローレやタンゴという音楽は短調の名曲が多い。だから、ラテンアメリカは短調の世界なんです。ロシア民謡はもちろんのこと、ポーランド、チェコ、それからユーゴスラビアもブルガリアも短調系なんですよ。それからトルコとギリシャの歌謡曲もそうですね。

ギリシャのライカという音楽があるでしょう。あれは、ギリシャの古代から伝わっている伝統的なメロディーと、戦後、トルコから引き揚げてきた人なんかが持ち込んできたポップス的な要素がミックスされてできた新しい歌謡曲です。六〇年代にギリシャ音楽を支配していたライカを聞いていると、日本の歌謡曲・演歌を聞いているような感じでした。春日八郎《かすがはちろう》(一九二四〜一九九一)とか岡晴夫《おかはるお》(一九一六〜一九七〇)とか、そういう懐かしいような歌声なんですが、これもマイナーなんですね。

だから、短音階の音楽が長音階よりもダメだという理屈はおかしい。歴史的に見れば、こういうことです。オスマントルコの軍隊はウィーンまで進軍して、ヨーロッパを戦慄させますが、その軍楽は短調です。つまり長調じゃなくて、短調の軍歌でもってヨーロッパを攻めていくわけです。

五十嵐一《いがらしひとし》によると、「日本の明治維新は短調でやってきた」ということになる。そういう軍歌によって、明治維新の曙《あけぼの》は開かれる。だから短調が消極的で弱々しいなんてことはなくて、短調は革命の歌だというわけです。

僕がイランのテヘランに行ったときに聞いた「パーレビよ、去れ」という抵抗歌、それからホメイニ師(一九〇二〜一九八九)が帰ってくるときの「ホメイニ師こんにちは」という喜びの歌、これらはどちらも短調の歌でした。ですから、アラブ・イスラム世界においては、短調の音楽が戦いの音楽であり、強い意志を示す明日への希望を唄う歌でもある。

こういうふうに考えると、東方から文化というものを受け取りながらも、ギリシャやトルコ、アラブ・イスラム世界から独立宣言したのが、長調の音楽なのではないか。長調というのはヨーロッパ人のオリエントへのコンプレックスから出てきたものと考えた方がいい。

ベートーヴェン（一七七〇～一八二七）も短調の残存が残っているといわれるんだけど、それを克服して短調の音楽は遅れた後進国の音楽であるとしたのは、近代ヨーロッパの成立と同時だった。その余波を受けて日本では長調信仰というのが始まる。

佐藤　長調が近代ということになったんですね。

五木　いまだに世界中で短調は不健康で弱々しいと嘆くけど、そうじゃないんですよね。そう考えると、日本の流行歌は短調の五音音階でヨナ抜き節だから後進的で弱々しいということは成り立たない、というふうに僕は思いますね。

日本人の中にある短調の魂

佐藤　ロシアの『チェブラーシカ』の「ワニのゲーナ」という曲も短音階ですけど、いい歌ですね。

五木　僕も大好きですよ。チェブラーシカの曲は、ロシアでは誕生日などにはみんなが唄いますね。アニメとしても本当におもしろいし、流れている歌のセンチメンタルな感じというのは、なんとも言えない生命力を感じますね。

チェブラーシカの曲を聞いてもそうだし、ロシア民謡を聞いてもそうだけど、日本人がロシア民謡やロシア文学の中に流れている短調のフィーリングに心惹かれたというのはよくわかるような気がするんです。

佐藤　日本の歌謡曲は、ロシア民謡の影響力が圧倒的なんでしょうか。

五木　いや、歌謡曲の中にはロシア民謡だけじゃなくて、朝鮮の音楽も非常に深く関係してます。これは卵が先か鶏が先かという問題で、古賀政男《こがまさお》（一九〇四〜一九七八）をはじめとして朝鮮に縁のあった人たちの歌謡曲が韓国歌謡をつくり出したという説もある。一方では、平岡正明《ひらおかまさあき》（一九四一〜二〇〇九）は逆だと言っている。だから両方作用し合ってできたと思うしかないんですね。

佐藤　おもしろいですよね。日本のうたごえ運動なんかを見ても、左派系の学生たちが唄っていたロシア民謡というのはほとんど軍歌です。「泉のほとり」とかね。

五木　僕は若いころ「バルカンの星の下《した》に」という曲が大好きだったんだけど、これもソ連兵士たちが東欧に派遣されたときの望郷の歌だしね。

佐藤　でも不思議なもので、反日歌は日本に入ってこないんですね。たとえば「三人の戦車兵」という曲があって、これはロシア人だったら知らない人はいない。満州を守っているときの歌で、「われわれは国境を守っているんだけど、ファシストサムライが国境を越えて入ってくる」という歌詞なんです。日本の外交官がこれを唄うとすごく受けるんですよ。

五木　聞いたことありますよ。赤軍合唱団が唱っていました。これも曲だけ聞くと、日本人にしっくり来るメロディーですけど。

〝ロシアのボブ・ディラン〟、ブラート・オクジャワ

五木　またあとで話すかもしれませんが、僕は内村剛介という人は大した人だと思っているんです。ただ彼はロシアの文学や詩に関していろいろ発言をしているけれど、ブラート・オクジャワ（一九二四～一九九七）とかロシアの歌謡に関しては、あまり発言がないのは残念です。

佐藤　ブラート・オクジャワはすごい人だと思います。彼は作家でもありますね。

五木　ブラート・オクジャワは、ソ連のボブ・ディランといわれた人ですね。「真夜中のトロリーバス」「アルバート通りの歌」という歌が僕は大好きで、ラジオでもよくかけました。詩人なんだけどギターを持って忽然と現れて、それでカセットテープレコーダーに録音するわけ。

佐藤　それをみんながダビングして広がっていくんですね。

五木　そうなんです。一九九二年に、モスクワ郊外で彼と会ってインタヴューをしたこ

とがあるんですが(『よみがえるロシア　ロシア・ルネッサンスは可能か?』文春文庫)、そのときは「もう弾き語りは飽きた」と言ってました。

佐藤　オクジャワはグルジア人ですよね。ソ連の時代にはロシア人と言い切ってたけど、徐々にまたグルジア人になっていきました。

五木　そうなんですね。曲名にもなっているアルバート通りにも行ってみたけど、すごいところでした。ある意味、歌舞伎《かぶき》町みたいな感じでね。

佐藤　あそこはソ連時代、反体制的な詩とか文書を配っても比較的大目に見てもらえるような地域だったんですよ。

五木　一種の治外法権《ちがいほうけん》的な雑踏《ざっとう》ですね。そういうところから、ブラート・オクジャワの詩や歌が広がっていった。一世を風靡《ふうび》したロシア人の歌い手は、みんなブラート・オクジャワをひそかに読み、そしてアンナ・アフマートヴァの詩を朗誦したんです。

ソ連当局からの圧力

佐藤　ブラート・オクジャワの小説は発禁処分にはならなかったと思います。
五木　詩作の禁止措置や、コンサート開催の不許可などがあったそうです。そもそも一九六〇年ごろに彼は初めて小説を書いたんですが、祖国のために戦う兵士を英雄的に書かず、目立たない平凡な兵士を主人公にしたからという理由で、当局からいろんないやがらせを受けたと話していました。
佐藤　五木さんの『さらばモスクワ愚連隊』とも重なるところがありますね。
五木　あの小説もモスクワの非行少年を描いた作品で、映画化されるときにいろんなプレッシャーがありました。映画の現地ロケも公式にはできなかったので、隠しどりをやった。それでまた問題がこじれたんです。その後、ペレストロイカが進んだ八八年まではソ連に行くこともできなかった。
佐藤　そういえば、外国語文献を刊行するプログレス出版所の日本課長と話したとき、五木さんの本をロシア語訳するという話がソビエト時代にあったそうです。ところがイデオロギー部がOKしなくてダメだったと話してました。

五木 そうでしょうね。ルイビン・ヴィクトールさんというサンクトペテルブルク大学の日本語科の先生が言うには、彼の学生時代に内緒で回し読みしていたそうです（先日、亡くなられました）。

佐藤 いまのロシアでは、圧倒的に『大河の一滴』のロシア語訳が読まれています。著名日本人のうちの一人に入ってますね。

五木 知らなかった。

佐藤 ほんとは『蒼ざめた馬を見よ』や『さらばモスクワ愚連隊』のロシア語訳が出るべきなんです。一九六〇年代の日本において、これだけロシアのことが的確に紹介されていたということを知って、ロシア人たちはすごく新鮮に思うはずです。

五木 僕は全然そういう欲がないもんだからね。残念（笑）。

佐藤 でも、ロシア語で本が出ることをきちんと考えた人ってあんまりいないですよね。

五木 ああ、それはそうかもしれません。二葉《ふたば》亭《てい》四《し》迷《めい》（一八六四〜一九〇九）以来、どれだけロシア文学の影響を日本文学が受けたかということを考えると、不思議な話ですね。

『蒼ざめた馬を見よ』の現代性

佐藤　ロシア人に対してもそうですけど、私は五木さんの小説を紹介することで、現代史の見方というものを伝えたいと思っているんです。たとえば、ウクライナの問題を理解したいのだったら、直木賞を取った『蒼ざめた馬を見よ』は必読です。これを読んでいる人と読んでいない人だったら、ウクライナで起きている出来事に対する見方が変わってくるわけですよ。ウクライナ問題に関する報道を見ていると、欧米の見方をそのまま垂れ流しているものも少なくありません。それを鵜呑《うの》みにすることの危険というものがズバリ『蒼ざめた馬を見よ』では描かれていると思いました。

それにしても、この小説のリアリティには驚かされます。雑誌に掲載されたのが六六年の一二月ですが、六六年といえば、ソ連の作家二人が反体制的な小説をフランスで出版したことで強制収容所に送られるというダニエル・シニャフスキー裁判があった年です。

五木　そうでしたね。

佐藤　東西冷戦期の中のああいう情報謀略戦の感覚を持ってないと、いまのウクライナ情勢は読めないんですよ。

『蒼ざめた馬を見よ』でもう一つ注目したいのは、ロシアにおけるユダヤ人差別の問題を描いていることです。小説に登場するユダヤ人女性のオリガは、レニングラードで主人公の日本人男性に接近しますが、彼女はじつは西側陣営の息のかかった人物だったことが明らかになります。そのくだりを読んで思い出したのが、当時、イスラエルがソ連に張り巡らせた秘密組織ナティーブです。

ナティーブは、ユダヤ人をソ連からイスラエルに移住させることを支援する非合法の組織です。この組織は、ロンドン、パリ、ニューヨークとワシントンにロビー活動の支部を設けて、一九七〇年代にユダヤ人出国問題が深刻な人権問題だというキャンペーンを徹底的にやりました。それまでは、ユダヤ人出国問題なんてほとんどイシューになっていなかったのですが、それを機に大きな問題として取り上げられることになるんです。『蒼ざめた馬を見よ』を読むと、そのときの空気感まで予見していたんじゃないかと思わされます。

ユダヤ人問題と原罪

五木　ユダヤ人問題については、こんな経験があります。ポーランドに行ったとき、幼稚園みたいな場所で子どもたちがうたう「クリスマスキャロル」を通訳の人に歌詞の内容を書いてもらったら、「罰当たりのユダヤ人が」とか「罪深いユダヤ人が」とか、そういう言葉がいっぱい入っていた。

佐藤　ポーランドあたりだったらそうでしょうね。

五木　ダッハウやアウシュヴィッツの悲劇を繰り返してはいけないというけれど、でもはたして強制収容所に収容されるのがユダヤ人でなかったらどうだったのか。第二次大戦中に、ヨーロッパのあちこちでユダヤ人がトラックや列車で運ばれるわけでしょう。

ナチスが隠そうと思っても隠しきれるもんじゃない。

佐藤　実際問題、ユダヤ人が街からいなくなることによって、土地や財産を取れますからね。

五木　ポグロムの歴史をみると、本当に根が深いです。

佐藤　ナチスだけでなくポーランド人も相当協力しているんですよ。ところで、僕らが同年代のイスラエルの人たちと会っても、おじいさん、おばあさんの話というのはタブーなんです。僕らの世代のユダヤ人だと、祖父、祖母を知らないイスラエル人がほとんどなんですよ。

五木　だからやっぱりわれわれすべてが共犯者なんですよ。あれはナチス・ドイツのやった間違ったファシストの仕事だというような言い訳は通らない。

僕自身にも、共犯意識というものがあります。僕は朝鮮半島という日本の植民地で、大日本帝国の国籍を持つ人間として育った。だから、自分が直接戦争したとかしないとか、関係ないんですよ。

五歳のとき、つまり一九三七年に、たまたま父親に連れられて大きな街まで出かけました。行くとね、花や電球で装飾された花電車《はなでんしゃ》があって、街中、提灯《ちょうちん》が下がってて、バンバン花火が打ち上げられていた。そして日本人が大挙して浴衣《ゆかた》で手に提灯を提げ、「万歳、万歳」と街中がお祭りのように沸きかえっているわけね。それが南京陥落《なんきんかんらく》の日でした。

あのときの南京陥落に対する日本人の興奮の仕方を思うと、自分もその一人として列の中にいたんだから、軍部だけが暴走したということではないと思えるんです。大陸にいる軍部の青年将校だって馬鹿じゃない。内閣は制止したのに現地の軍部が独走したといわれるけれど、それは大きな国民的感情の支持があることを、軍が無意識に体で感じているからですよ。国民は自分たちに期待している。もっと多く土地を取れ。もっと積極的に進軍しろ。そういう日本国民全体の無言の共感が自分たちの背中にかかっている。内閣は何と言おうと関係ない、国民はわれらに期待している、そういう感じで動くんだから、軍部を動かしたのは日本のわれわれ国民だと思うし、国民というのは僕ら自身なんですよ。

佐藤　やっぱりイスラエルの連中と付き合ってると、アウシュヴィッツに対する「悪」

の感覚が違うんですよね。日本の最近の若い知識人たちがよく間違えるのは、ハンナ・アーレント（一九〇六～一九七五）をユダヤ人の代表的な見解だと捉えてしまうことです。イスラエルの連中とハンナ・アーレントの話をすると、アーレントは、ついこの前までイスラエルではほぼ禁書の扱いで、ヘブライ語に訳されたのは数年前だったといいます。

なぜか。アーレントは、アイヒマン裁判のレポートを「ニューヨーカー」（雑誌「ザ・ニューヨーカー」）に連載し、結論として、ホロコーストを指揮したアイヒマン（一九〇六～一九六二）という人間は「悪の権化《ごんげ》」ではなく、「悪の凡庸《ぼんよう》さ」を示すものなんだというわけです。でも、この結論はホロコーストを実際に経験したシオニストたちには受け入れがたい。だからアーレントに対しては、生理的な忌避《きひ》反応を見せるんです。

アウシュヴィッツに関する三冊

五木　アウシュヴィッツについては、ヴィーゼル（エリ・ヴィーゼル　一九二八～　）

の『夜』、フランクル（一九〇五～一九九七）の『夜と霧』、それからシモン・ラックス（一九〇一～一九八三）、ルネ・クーディー（一九〇八～？）という二人のユダヤ人の音楽家が書いた『アウシュヴィッツの奇蹟―死の国の音楽隊』という三冊を読むと、その実態が多少わかる気がするんです。

つまり、アウシュヴィッツに対して三つの視点が出てくるんです。ヴィーゼルの視点はフランクルの『夜と霧』よりもっと残酷です。自分がアウシュヴィッツに行って最初に目にしたのは、トラックから燃える炉の中に投げ込まれていく幼児たち、子どもたちの塊だった。そうすると、フランクルの言葉が、いまひとつ伝わって来ないんですね。

『死の国の音楽隊』では、アウシュヴィッツの中でドイツの下士官が「この中で音楽を演奏できる専門家がいるか」と聞いて、何人かが手を挙げる。彼らは古い楽器の山の倉庫に連れ込まれて楽器を持たされ、アウシュヴィッツの音楽隊が組織される。著者たちは、自分たちは音楽という道を持っていたがゆえに生き延びられたというわけです。

その本によると、ドイツ人は朝の起床の音楽から始まって、整列して体操するときも、行進をして重労働に出ていくときも、ありとあらゆる場面で音楽を必要とする。だから、とても音楽を愛している国民だといいます。日曜になると、昨日までガス室で子供たちを片っ端から焼いていたような連中が、きちんとドレスアップして、コンサートに集まってくる。その前で著者たちは演奏をする。そうすると涙を流してそのナチの将校や兵士たちは感動する。

この本に対して、フランス人の作家ジョルジュ・デュアメル（一八八四〜一九六六）が序文を寄せていますが、もはや人間のヒューマニズムの最後の砦《とりで》であるクラシック音楽にさえも、人間の住む場所はないと感じたというようなことを書いている。つまり、血まみれの手のファシストたちがハイドンやバッハやモーツァルトに感動することができるんだったら、自分はもうクラシック音楽を信頼することはできないと。そういう絶望的な序文を書いているんですね。

ところが一方では、ナチの連中たちが美しい音楽に感動したせいで、自分たちは生き延びることができたと、作者はいう。

『夜と霧』は日本でも多くの人に読まれていますけど、わたしたちは人間の倫理観みたいなものに感動して読んでいますよね。つまり、極限状態の中でも自分の悲運を嘆くのではなく、その中で自分がどう生きるかが問われていると。

でも僕のフランクルの読み方は違うんです。極限状態の中で人間が生き抜いた記録として、フランクルの記録はすごく感動的なんですが、その中で特におもしろかったのはユーモアと情感とセンチメンタリズム、この三つの持ち主が生き抜いたと僕は思っているんですよ。

アウシュヴィッツのドキュメントの中で、たとえば、一日に一つずつ何かジョークをつくって言い合おうとする。そして明日はガス室に送られるかもしれない人間が、力なくハハハと笑い合うとかね。ドイツ語でガルゲンフモールとかいうんだね。絞首台上のユーモアというのかな。そういうものが一つ。

それから、冬の荒野の果てに沈んでいく夕日を見て、「きれいだ」と振り返る人と振り返らない人がいるわけだけれども、強制労働中にナチから銃でぶっ叩かれながらも、そういうものに目をやらずにいられないような情感を持っている人が生き残る。

またほかの本では、夜中にふっとどこかでアコーディオンの音が聞こえる。「ああ、昔ウィーンで流行《はや》ったあの流行歌だな」と、ベッドから抜け出して壁に耳を当てるような人は生き残ったんだというふうに僕は読んだんです。

佐藤 私も一冊紹介しておきます。グロスマン(一九〇五〜一九六四)の『人生と運命』です。これは、スターリン主義体制のソ連で、平和と正義を求めて誠実に生きた知識人を主人公とする大作で、掛け値なしにソルジェニーツィンの『収容所群島』を超える二〇世紀ロシア文学の傑作だと思います。

主人公の物理学者ヴィクトルの経験を軸に物語は進みますが、その中にたくさんの人の物語が重層的に組み込まれています。そのために読者自身も、スターリングラードの戦闘、ナチス・ドイツの収容所の生活、ルビャンカ(モスクワ中心部に所在する秘密警察本部)における尋問を追体験することになるんです。

グロスマンは、〈反ユダヤ主義は、個々の人間や社会制度や国家体制がもつ欠陥を映す鏡である。ユダヤ人の何を非難しているのかを聞けば、その人自身がどのような点で責められるべきかを言うことができる。〉と述べていますが、これはユダヤ人の視座から歴史を読み解くという主張ではありません。反ユダヤ主義という病理を回避せずに、肯定的、否定的要素のすべてを踏まえて人間を現実的に捉えようとしているんです。

文学がスターリン体制にひびを入れていく

五木　サンクトペテルブルクのちょうどエルミタージュ美術館の対岸に監獄があるでしょう。そこは、ドストエフスキーやゴーリキーなども入った監獄なんだけど、裁判をして最終的に刑が決まると、そこから馬車でシベリアに送られていく人もいるわけです。

いまでもそこへ朝行くと、監獄に入れられた人の兄弟姉妹、あるいはお母さんとかおばあさんなどが、獄舎を見はるかす堤防の上にいっぱいいるんですよ。でも面会は許されないから、そこで大きな声で名前を呼ぶんです。「サーシャー！」とかね。もちろん向こうから返事は返ってこないけれども、監獄の中にいる人は「ああ、外側で自分の名前を呼んでくれている家族がいる」ということを感じるんでしょうね。そういう光景を見たときに、なんとも言えない感じがしました。

さきほど話したアンナ・アフマートヴァもそこへ一時的に収容されたことがあるんですが、行列つくって帰るときに、後ろにいた老婦人がアフマートヴァの背中を叩いて、

「あんたアニョータでしょ」と話しかけてきた。「そうです」と答えると、「このことを絶対書いてくださいね」と言ったというんだよね。つまり、こんなふうにしてロシアの人民がどんなに辛《つら》い思いをして生きているかということを必ず書いてくださいと。詩人というのはそういう存在だからこそ、ロシア人にとっての心の拠《よ》り所なんでしょう。

そうやって、アンナ・アフマートヴァとかいろんな人たちの存在が、スターリン時代のソ連にひびを入れていくわけです。だから文学とか詩とかというのも、そういう要素を持ったものとして理解されているんですね。プーシキンもヨーロッパに対してスラブ文化やロシア語の独立宣言をした人ということで、異常な形で尊敬されている。日本だと、非常に耽美《たんび》的な芸術家として尊敬されているんだけど、それだけじゃないんですよね。

佐藤　アンナ・アフマートヴァの息子がレフ・グミリョーフ（一九一二〜一九九二）ですが、彼も明らかにアフマートヴァの詩人のセンスを受け継いでますね。

レフ・グミリョーフは「監獄の学者」といわれ、強制収容所の中を転々とする中で、そこにいたインテリたちに学んでいくんです。その後、サンクトペテルブルクの地理学研究所の下級職員として働くんですが、彼は一九六〇年代、七〇年代ぐらいから、ちょうど反体制派と体制派のあいだのギリギリの境界線で発言して、ものすごく知識人に影響を与えました。特に、独自の「民族エネルギー」理論があって、これはソ連崩壊後の新ユーラシア主義に大きな影響を与えています。

なぜ彼がそれだけ影響力を持ったかというと、やっぱりアフマートヴァ的な詩人のセンスがあるわけなんです。だから、ロシア人の心を打つような論考を書くことができたんだと思います。

ドストエフスキーをどう読むか

五木　日本でのドストエフスキーの読まれ方にも同じことを感じます。ドストエフスキーは日本ではほとんど文学としてしか語られないけれど、神学と民族主義を抜きにしてドストエフスキーを論じたら、もう話にならないでしょう。

日本だと、宮沢賢治《みやざわけんじ》（一八九六〜一九三三）から宗教色を脱色して国民的な純粋詩人にするように、明治以来、ドストエフスキーも脱色されていったという気がします。

佐藤　ドストエフスキーが『罪と罰』で高利貸しの老婆を殺す主人公をラスコーリニコフと名づけているのも、第二部で話した放浪教徒の「ラスコーリニキ」つまり「分離派」に引っ掛けてのことですよね。

五木　主流派が異端をよぶ差別語をそのまま名前に使っているんです。だから、ドストエフスキーの小説というのは、主人公の名前で、その人間の性格がわかるようになっている。

ラスコーリニコフという名前を持っている時点で、彼はもう斧《おの》を持って異常なことを行う人間に宿命づけられている。

佐藤さんはドストエフスキーのことをどう見ていますか。

佐藤　同志社大学神学部の講義で、「かつてのイスラエルでは、ヤーウェという神の名を唱えることは、原則として禁止されていました。一年に一回、エルサレムの神殿で大祭司だけが一回だけヤーウェと唱えるのです」という話を聞いてから、ドストエフスキーを神学的にはどこか胡散臭《うさんくさ》く感じるようになりました。『罪と罰』も『カラマーゾフの兄弟』も、神とかキリストに対する信仰が過剰に表現されているからです。信仰の言葉があまりに過剰だということは、逆にあまり神を信じていない。そういう意味では、終生革命家的な人だったと思います。それから常に国家権力というものに狙われてるという、被害妄想に近い感覚があったと思いますね。

五木　なるほど。それと同時にトルコとの戦争でロシア人が勝ったりすると、やっぱり高村光太郎《たかむらこうたろう》（一八八三〜一九五六）のように彼も狂喜したりするんだよね。晩年にはロシアは第三のローマだというような幻想が強くあった人だと思う。だからイスタンブールを攻め落とすべきだと思っていたにちがいない。

　ドストエフスキーがプーシキンを記念する会で、講演をするんです。その後、その講演の状況を手紙で知らせるんだけど、とにかく彼が一語一語、言葉を発するたびに、会場がどよめくんだと。講演が終わった後は、みんなが滂沱《ぼうだ》と涙を流してお互いに抱き合い、これからよく生きていこうという絶叫が会場全体に轟《とどろ》き渡ったと書いています。そういう血沸き肉躍る講演なんていうのがあったんだね。ただ、ドストエフスキーがした講演は、愛国的民族的講演で、「ロシア民族の未来」といった右翼的なイデオロギーが入っている。

佐藤　時代的には、リベラルな人たちが主流だった時代における保守の論客でしたから

ね。

五木　そう。皇帝の覚えもめでたかった。かつては銃殺刑になりかけた人が、ロシア皇

室に呼ばれてご進講《しんこう》するというのも複雑なものを感じさせますね。

佐藤　ドストエフスキーの右翼性というのは過剰なんです。日本でも、左翼からの転向

者が右翼的な要素を過剰に出すことがありますが、これは、もともとの革命思想をカモ

フラージュする態度が過剰に出ているんでしょうね。だから、ドストエフスキーの過剰

さというのは非常におもしろい。

ところで、ドストエフスキーの文章は、奥さんに口述筆記させてるから基本的に話し

言葉ですよね。

五木　早稲田の露文科出身のある作家は、ドストエフスキーをよく読んでいて、『白

痴』の一つのページの中で「ウドゥルク（突然）」という同じ表現が三回も四回も出て

くることに対して、こんな無神経な文章はないと言ってました。

佐藤　版元《はんもと》に約束して、いつまでに書かないと以前の版権も全部取られるという約束をして追い込まないと書けないタイプでしょう。しかも外国に行って必ず賭博《とばく》で擦ってしまうんです。

第四部　学ぶべきもの、学ぶべき人

人生の師を持てるか

五木　佐藤さんほど現代の博覧強記の人はいないと僕は思っているんですけど、いったい佐藤さんはどういう人を師として、思想や人生観をつくってきたのかということに興味があります。

僕の場合、ワルワーラ・ブブノワ（一八八六〜一九八三）という人からロシア語を教わって、ものすごく大きな影響を受けているんですよ。ブブノワさんは白系ロシアの貴族だけれども、「詩は読むべきにあらず、唄うべし」と必ず言う。詩を読んじゃいけない。耳で覚えて、声に出して暗記しろと。だから朝から晩までブブノワさんの授業は詩の暗記で、次々に立たされては詩を朗誦させられるわけ。それがいまでも残っています。チュッチェフとかフェートとかレールモントフ（一八一四〜一八四一）とか、いまでも暗唱できるんですが、逆に五〇歳を過ぎて学んだことってほとんど残ってないんですね。

そういう意味で、佐藤さんが若いときに影響を受けた人が誰なのか、知りたいですね。

佐藤 思想家としてもっとも影響を受けているのは宇野弘蔵《うのこうぞう》(一八九七〜一九七七)だと思います。それ以外では、中学生のときに出会った岡部宏《おかべひろし》という塾の先生にも影響を受けました。この人は早稲田の商学部を出た後、一時出版社にいたようなんですけど、自分のやりたい本を出したい、そのための出版社をつくりたいと思って、小金をつくろうと学習塾で働き始めたんです。そうしたら、いつの間にか塾の先生になってしまった。
もう一人は、同志社大学の指導教授だった緒方純雄《おがたすみお》(一九二〇〜)先生と、同じく同志社神学部の野本真也《のもとしんや》(一九三五〜)先生です。
著作からの影響という点では、さきほどの宇野弘蔵と、沖縄学者で、成城学園の参事なども務めた仲原善忠《なかはらぜんちゅう》(一八九〇〜一九六四)、もう一人はうんと古くなりますけれども、北畠親房ですね。
五木 北畠親房は何の本ですか?
佐藤 『神皇正統記』がおもしろいと思います。南北朝時代が私はとても好きなんですよ。だから『太平記』もよく読みます。
五木 北畠親房と宇野弘蔵さん以外は初めて耳にする名前なので、新鮮な驚きがありますね。

僕が自分で尊敬しているというか、影響を受けた人を何人か挙げていくと、数多くいるけど、同じ世代では内村剛介と、五十嵐一《いがらしひとし》、それから間章《あいだあきら》（一九四六〜一九七八）かな。

五十嵐一はイスラム研究者で、小説『悪魔の詩』を日本語に翻訳した人ですが、筑波大で殺された。間章は、ジャズ評論を中心にフランスのボリス・ヴィアン（一九二〇〜一九五九）なんかを訳した人です。

尊敬している学者というと、沖浦和光《おきうらかずてる》（一九二七〜二〇一五）という人がいるんです。この人は被差別関係のことを専門にやった人だけど、現代の菅江真澄《すがえますみ》（一七五四〜一八二九）みたいな人です（先日、亡くなられました）。あとは、みんなに「ほう？」と言われるけど、小室直樹《こむろなおき》（一九三二〜二〇一〇）さんがおもしろい。

佐藤　小室さんはパーソンズ（一九〇二〜一九七九）の社会学を日本に一番早く紹介した人ですよね。

五木　小室直樹という人は、カッパ・ブックスで本を出したりするような、当時の基準では変わった学者で、学者的な要素とジャーナリスティックな要素と、それからトンデモ本的な要素を併せ持っていた不思議な人ですね。

廣松渉のエンターテインメント性

五木 それと、『国家の危機』ではかなり佐藤さんに批判されていたけれども、廣松渉《ひろまつわたる》（一九三三〜一九九四）は僕は個人的に興味があったんです。廣松さんは僕の一年下なんだよね。同じ筑後の出身。廣松さんとは、笠井潔さんに紹介されて縁ができたのです。

佐藤 一緒に『哲学に何ができるか』という本で対談しておられましたね。

廣松さんは「本は読まれなければインクのシミに過ぎない」とすごくシビアなことを言っていたんです。活字でどんな学術書を書いても、それが読者に伝わらなければ意味がないと。おそらくこれは五木さんのエンターテインメント宣言を廣松さんなりに真摯《しんし》に受け止めて、それを彼なりの用語でそういうふうに翻訳したのだと思います。だから、彼の哲学書というのは独特の文体があり、独特の味がある。エンターテインメント性があるんですよ。

五木　なるほど。そんな見方もできるんですね。不思議なもので、廣松さんは一番エンターテインメントから縁の遠いような、難解な感じがする本を書く人だけれども、あの人柄にはすごく魅力があった。僕は廣松さんの本は、難しいので、贈ってもらってもほとんど一ページしか読んでいませんが、その語調というか言葉遣いとか、それを行ってる人の風貌というのが廣松さんの場合に見えるんだよね。あれはほんとに独特の個性でした。

佐藤　僕の仮説ですが、廣松さんはマルクスを仏教的に読解したんじゃないでしょうか。

五木　それは佐藤さんの目はごまかせない。僕も彼の文章を読むと、同じことを感じますよ。仏教というのは、非常な合理的な思考をするんです。そもそもブッダは人ですからね。

佐藤　廣松さんの「物象化《ぶっしょうか》論」はまさに仏教的なんです。

マルクスは、近代以降、人間は自らが創りだした社会システムに取り込まれ、いつのまにか労働者は主導権を持たない歯車になってしまっているという考え方を示し、それを「疎外《そがい》」と呼びました。だから、本来の人間性を取り戻さなくてはならないということになります。この疎外論には、取り戻されるべき「本来の姿」があるということが前提なんです。

それに対して、物象化論を唱える廣松さんは、社会の中の人と人の関係がモノのような現象として現れてくるといいます。そういう関係主義だから、疎外論のように「本来の姿」というものは想定しない。これは仏教の縁起説《えんぎせつ》と親和的なんです。

五木 僕らのころは、一九五〇年代前半だからまだ疎外論が支配的だった時代です。彼は福岡の柳川《やながわ》市の伝習館《でんしゅうかん》出身なんだよね。僕は一時、八女《やめ》中学だったから隣の学校なんだけれども、一年引き揚げで遅れているから同期なんです。それで彼が東大にいたときに、東大の入学式に記念講演をさせるといって僕を引っ張り出して、大顰蹙《ひんしゅく》を買ったことがあります。生徒三〇〇〇人、父兄五〇〇〇人という武道館の入学式。

僕はヤケクソになって、若いころ池袋で売春婦を買った話をしたら、もう父兄から非難轟々《ごうごう》で。廣松さんに「申し訳ない」と謝ったら、「いや、あれでいいんだ」と言って笑ってた。あの人は国士的な人だったからね。

佐藤　非常に左翼的な人で、非常に右翼的な人ですね。

五木　なかなかおもしろい人なんですよ。吉田松陰《よしだしょういん》（一八三〇〜一八五九）がマルクス主義者になったようなところがあってね。

佐藤　『哲学に何ができるか』はいい本ですよ。五木さんは、あえてノンポリの役割という形で登場して、マルクスのこともよく知らないし、実存主義はちょっと関心があるんですけど、分析哲学《ぶんせきてつがく》って何ですかというスタンスでやってるわけですよね。

五木　あれは入門書ですから。

佐藤　僕も外務省で研修指導官をやっていたので、推薦書の中に入れて若い連中に読ませてました。

五木　へえー、そうですか。

佐藤　廣松さんのあの本での功績は、分析哲学を一般の青年たちにちゃんと伝えたことですよね。

スターリンの死のころに

佐藤 五木さんは、あまり共産党について語られたことってないんじゃないんですか。印象に残っている出来事だと何になるんでしょう。

五木 一九五三年にスターリンが死んだときのことは覚えています。ある若い学生詩人がそれをとむらう詩を書いて、それを野間宏《のまひろし》（一九一五〜一九九一）が激賞したんです。貧しい学生がアルバイトで得たわずかなお金で小さな花束を買い、同志スターリンの死を悼むというものだったかな。あのころはみんな、人民の父親のような存在であるスターリンが亡くなったと思ってたんですから、われながらもう馬鹿みたいなもんだよね。

僕は一九五二年の五月一日に大学に行ったんですけど、「いますぐ人民広場《じんみんひろば》へ行け」とみんなが言う。人民広場というのは、いまの日比谷公園の向こう側にある皇居前広場です。話を聞くと、警官隊がそこで水平撃ちをしていると。水平撃ちだから、威嚇射撃じゃないんですよ。「もうたくさんの人が死んでるから、すぐに行け」と言うので、とにかくいろんな手を使ってみんなで駆けつけました。

直接対決はもう終わってましたが、日比谷公園あたりで外車が燃えている。アメ車を見つけ出したら片っ端から火を点《つ》けたらしい。第一生命ビルから桜田門の方にかけて、黒煙がもうもうと立ち上っててね。そんな東京なんていまの人たちはピンと来ないでしょうけど、すごかったんです。そのときは見つかると検挙されるから、みんなお堀《ほり》に飛び込んで逃げたり隠れたりしたようです。死者も結構出たと思いますけど。

佐藤　五木さんは党には入らなかったんですか。

五木　リクルートされましたが、入りませんでした。なぜかというと、バイトに必死で細胞《さいぼう》の会議なんかには出られないから。党の活動をやっていたら、食っていけない。逆に言うと、食っていける奴が党に入るんだというのが、僕のそのころからの偏見です。要するに、ぼくはナロードで、彼らはナロードニキ。労働者っていうけど、労働者にも、上層、中層、下層とある。労働力を売ろうにも、売れないとき下層労働者はどうするか。血を売るしかない。ぼくもその下層労働者でした。「労働力の商品化」などと格好いいことというけど、現実には労働力を売ろうにも売れない時がある。寄せ場にいっても立ちんぼしても、仕事にあぶれたらどうします。そうなると、労働力を売れない。だから「肉体の商品化」するしかないでしょ。「売血」はその一つです。

仕事にあぶれる日が続くと、青砥《あおと》の製薬工場へいって血を売る。ふつうは二〇〇cc抜くんだけど、職業的売血者もいてね、「ダブルで抜くぞ」なんて意気がっていた。白衣を着た女の人に血液検査で、「比重が足りないよ」なんていわれてショボンとしたり。帰りに牛乳一本くれるんだけど、赤い血を抜いて白い牛乳を飲むのはヘンな気分でした。それを週一でやると、コッペパン一箇十円の時代だから、なんとかしのげた。

そんな暮らしですから、党活動なんて雲の上の話です。専従《せんじゅう》にしてやるといわれたけど、ときには授業にも出たいしね。とにかく上京した当初は、ほんとにホームレス状態で、神社の床下に寝泊りしてた。

ただ、学内では党の連中にはやっぱり頭が上がらなかった。人民帽を被って、見た目からしてもう前衛のオーラが漂っている。廣松さんがいってたけど、コミュニストたるもの結婚をしてはいけないし、子供をつくるなんてもってのほかという倫理でパイプカットした男もいたそうだし、ものすごい犠牲的な働きをしているから、リーダーたちは尊敬されるんです。そんな時代があったんですよ。
佐藤　党には入らずにシンパ的な活動をしていたんですね。
五木　山村工作隊というのをクラスで組織することになって、それであちこちに出ていくんだけど、その前の晩にはみんなで集まって「ともしび」などというロシア民謡を唄うんです。「夜霧のかなたへ別れを告げ　雄々しきますらお　いでてゆく」というね。笑わないでください。当時はそんな空気だったんです。硬派のなかには戦闘的な連中もいたけれど、僕は文学部だったから、『ハコネ用水』という高倉テル（一八九一〜一九八六）の小説を紙芝居にして、それを広島県の比婆郡《ひば》（現庄原市）という山奥の村に行って上演したりした。人民がこんなふうな大きな働きをしたんだということを村人に語って聞かせるような、バイトの合間にそういう幼稚な山村工作みたいなこともやりました。

師弟関係論としての『かもめのジョナサン』

五木　尊敬している人に話を戻すと、あとは道教の福永光司《ふくながみつじ》（一九一八〜二〇〇一）さん。日本の道教の第一人者ですよね。僕はご一緒に旅をしていろいろな話を聞いたんですが、福永さんは京都大学の大学院に入るときに、教授から「君、何をやろうと思う？」と聞かれたと。「道教、タオイズムをやりたい」と言ったら、教授から「あんなものをやってたらね、君、絶対大学に残れないよ」と言われたそうです。

同じような話がもう一つあって、中国から文化使節団が来たときに、「あなたのご専門は？」と聞かれたので「道教です」と答えたら、「あなたのような知識人がなぜあんなものをやるんですか」と言われたと。当時は中国でも道教というものは非常に低い評価だったんですね。それをやり続けて、最後は京都大学の人文科学研究所の所長にもなられました。でも、晩年、九州の方で広瀬《ひろせ》淡窓《たんそう》（一七八二～一八五六）のような塾をやりながら亡くなった。この人には非常に大きな影響を受けました。

それから、個人的に好きだったのは高橋和巳や金子《かねこ》光晴《みつはる》（一八九五～一九七五）さんたちです。一九七〇年代に「面白半分《おもしろはんぶん》」という雑誌の編集長をやったことがあって、金子光晴さんの連載もありました。半分は法螺《ほら》なんだけど、これがもうめっぽうおもしろいんだよね。

佐藤　いま五木さんが挙げた方の中だと、内村剛介さんと五十嵐一さん、高橋和巳さん、小室直樹さん、廣松渉さんは、書物を通じてですけど、私も影響を受けてます。さきほど話に出た廣松さんの岩波から出ている著作集を全部獄中に持っていって読みましたから。尊敬する人たちの話を聞きながら、五木さんが訳した『かもめのジョナサン』のことを考えていました。一九七四年に出された『かもめのジョナサン』では、五木さんが批判的な解説をつけていましたけれど、二〇一四年の完成版で新たに加えられた第四部を読むと、五木さんが批判した部分が補われているように読めます。だから、当時の批判は正しかったわけです。

僕は、五木さんとはちょっと違う切り口で、ビジネスパーソン向けに、『かもめのジョナサン』を薦めたいと思っているんです。

それは師弟関係論としてこの本はおもしろいということです。先生と弟子の関係は非対称で、先生が覚えてないようなことを、生徒は勝手に発展させていきますね。

五木　そうですね。僕は師弟関係というのが、どこかで友だち的でないとダメなんです。親鸞は「御同朋《おんどうぼう》」と言いますが、ブッダと弟子たちの関係も、最初はフラットな関係で、

「これどう思う?」と気軽に呼び掛けるような間柄だったと僕は思うんですけど。

佐藤　もう一つが努力論です。努力はまったく意味がないというわけじゃない。でも、個人ががんばったからといって、それで理想的な会社、理想的な社会ができるということじゃない。それから、言葉というのは誤解されていくということも、あの作品の重要なメッセージです。

五木　それはもう最初から覚悟のうえじゃないと。

佐藤　その通りです。いま読んでも、寓話型の文学の強さを感じました。僕の読みが正しければ、ビジネスパーソンが、いま、この『かもめのジョナサン』を読むと、自分に対して呼び掛けているような読み方をすると思うんです。

満州出身者のロシア学

五木　日本のロシア文学者やロシア研究者の中で、「この人は」というと誰になりますか。

佐藤　いま挙げた内村剛介さんからはもちろん大きな影響を受けています。それから、一般にはあまり知られていませんが、東京外国語大学で教えておられた渡辺雅司《わたなべまさじ》（一九四五〜　）さんは、ロシアのことがよくわかっている人ですね。メジャーなところだと、ドストエフスキーの『カラマーゾフの兄弟』を新訳した亀山郁夫《かめやまいくお》（一九四九〜　）さんもいいと思います。五木さんはどなたに注目されていますか。

五木　僕は個人名ではなく、満州のハルビン学院と大同《だいどう》学院を挙げたい。この二つの学校が日本の満州における教育機関の双璧でした。

佐藤　大同学院というのは初めて聞きました。

五木　大同学院は満州の新京《しんきょう》（現長春）に置かれた官吏の養成機関です。ハルビン学院も大同学院も、国策としてロシア語教育やロシア研究を徹底的にやっていた。上海《シャンハイ》には東亜同文《とうあどうぶん》書院がありましたが、この三つが日本の学問のアウトサイダーの一つの潮流をつくりあげているのは間違いないんです。

ハルビン学院出身者の代表的存在が内村剛介と工藤精一郎《くどうせいいちろう》（一九二二〜二〇〇八）です。それから大同学院出身者の代表者は、長谷川濬《はせがわしゅん》（一九〇六〜一九七三）。僕は、これらの人が日本のロシア学の独特のラスコーリニキ的な高峰だと思う。

長谷川濬の父親は、佐渡《さど》中学で英語の教師をしたあと、ジャーナリストとして活動していくんですが、教師時代の教え子に北一輝《きたいっき》（一八八三〜一九三七）がいます。長谷川濬はその三男坊で、バイコフ（一八七二〜一九五八）の『偉大なる王《ワン》』を訳した人ですよ。それから、お兄さんの海太郎《かいたろう》（一九〇〇〜一九三五）は大流行作家で、この人は三つのペンネームを使い分けて本を書いていた。林不忘《はやしふぼう》というペンネームで書いたの

満州国・ハルビン学院　1920年日露協会学校として設立。1932年にハルビン学院と改称。ロシア語・ロシア研究機関。著名な卒業生に、ロシア文学の内村剛介、工藤精一郎がいる。

写真：毎日新聞社、1934年撮影

満州国・大同学院　1932年、満州国の官吏養成学校として設立。ロシア文学者の長谷川濬《しゅん》が卒業生で有名。ハルビン学院、大同学院とも、1945年の日本敗戦で解散。

出所：『大いなる哉満洲』大同学院同窓会、1966 年刊

が時代劇の「丹下左膳《たんげさぜん》」シリーズです。

佐藤　長谷川濬はもしかすると興行を手がけたこともある人ですか？

五木　ドン・コサック合唱団を呼んだ人ですね。

佐藤　神彰《じんあきら》（一九二二〜一九九八）さんと一緒にやった人ですね。そちらの文脈では知っています。

五木　神彰の参謀が長谷川濬です。神彰と長谷川濬は一九五〇年代に、アート・フレンド・アソシエーションという会社を設立して、その後、この会社はボリショイバレエ、ボリショイサーカスといろんなものを呼んだけれど、まず最初はドン・コサック合唱団を呼んで成功した。この長谷川濬のロシア学というのは、ほんとうにおもしろい。

佐藤　どこでご一緒されたんですか。

五木　いや、直接会ったことはないんですよ。でも、長谷川濬は函館中学出身で、僕も函館にはいろいろ縁がありました。そんなところから、深い関心が続いていたんですね。

　話を戻すと、内村剛介や長谷川濬といった人たちは、満州という地で格闘しながらロシアのことを学んでいった。ロシア文学には、東京外国語大学系の正統的なロシア文学者の流れとは別に、ハルビン学院、大同学院出身者たちの系譜というものがあるんですね。

そういったアウトサイダーのロシア文学の系譜をみなおさなきゃいけないし、その先端を走っているのが佐藤さんなんだと思う。だから、ある意味で、佐藤さんは内村剛介の末弟なんです。

内村さんは、もう二〇年生きていてくれれば、と残念に思います。上智大学を去るときの最後の講義なんていうのは、日本のロシア研究のある到達点を示していました。

佐藤　確かにそうですね。特に、五〇年代終わりから六〇年代のころというのは、彼が時代を先導してましたからね、『呪縛《じゆばく》の構造』とか『生き急ぐ』はよかったですね。それから、『ロシア無頼』も傑作です。

五木　彼は言語というものに、ものすごいこだわりを持っていた人でした。しかも、長いラーゲリの収容所生活の中とか、監獄でブラートヌイという向こうのアウトサイダーと一緒に暮らした体験とか、そういうところから出てきている説ですから、大学だけで勉強した研究者とは思想の原点がまったく違うんですよ。

日本を覆い続ける満州の影

佐藤 満州出身者の影響は、文学だけじゃありませんよね。

五木 おっしゃるとおり、満州の影はずっと日本を覆い続けていると思います。たとえば民放ができた初期のころ、外地から帰った人材が、どんどん地方の民放や地方新聞に入っていったんです。

佐藤 新幹線の流線形だって、南満州鉄道の特急あじあ号にそっくりですもんね。

五木 のぞみ号やひかり号もありました。釜山《プサン》からソウル・平壌を通って新京に行く急行列車がそうでした。

佐藤 東京駅で瀋陽《しんよう》とか新京と言って切符を買えたわけですからね。

五木 当時の満鉄というのは、ドイツ製の冷房を備えている、ものすごい豪華列車です。そのとき満鉄にいたのが十河信二《そごうしんじ》（一八八四〜一九八一）という人で、この人が終戦後は国鉄の総裁になって新幹線を構想したという説もあります。

佐藤　それこそ、安倍晋三《あべしんぞう》（一九五四〜　）さんが自分のおじいさんである岸信介《きしのぶすけ》（一八九六〜一九八七）を理想にしているけれど、あれも満州の理念ですね。

五木　そうです。岸信介と東條英機《とうじょうひでき》（一八八四〜一九四八）が満州の経済を仕切ってたわけですから。芸能界では森繁久彌《もりしげひさや》（一九一三〜二〇〇九）もそうだし、映画界だって、内田吐夢《うちだとむ》（一八九八〜一九七〇）をはじめとして、東映の全盛期をつくった人たちには満映グループが多くて、それらの人びとの手による作品に全共闘が熱中するという構図だったわけですから。

東映の任侠《にんきょう》映画と全共闘と関係があるのは当たり前の話なんです。満州というのは計画経済の実験場みたいなものですからね。旧満州の人脈というのは、調べるとほんとにおもしろい。

佐藤　満州は不思議な領域です。あそこは国籍をつくらなかったじゃないですか。だから満州国って国籍がないんですよね。旧満州生まれなんだけど、日本人は日本国籍です。その意味においては、ポストモダン国家なんです。

五木　ポストモダン国家か、なるほど。当時、警察から睨《にら》まれてたジャズメンは、上海に逃げ、経済学者は満鉄の調査部が引き取った。

大陸浪人《たいりくろうにん》とか満州浪人とか簡単に言うけれど、いわゆる「坂の上の雲」を目指す時代から、日本人がどれだけロシアを意識し、そのロシアとのクッションとしての満州を意識し、そしてそこに夢を託したかを知ること抜きには、日本の近現代は見えてこないんでしょう。

デラシネの時代は続く

五木　ただ、内村剛介は引き揚げ者を批判してるんだよね。日本人は抑留されたら、いつか帰る日が来ると故国を夢見るけれども、しかし朝鮮人とか中国人は帰らない。自分たちがそこで生活を築き上げたらそこに根づこうとする。
これは、中国語で言うと落地生根《らくちせいこん》というのかな。落ちた地面に根を下ろすという思想です。日本人は何かというと本国へ帰る。これが問題だと内村剛介は言った。ロシアの放浪者の魂もそうなんですよ。逃亡するということは、もう二度と故郷へ帰らないわけですから。

佐藤　おそらく朝鮮人にしてみれば、祖国がなくなった経験が関係しているんでしょうね。ユダヤ人もそうですが、祖国が常にあるということが自明じゃないから。

五木　朝鮮は歴史的にも、百済《くだら》であり、高句麗《こうくり》であり、新羅《しらぎ》でありというふうに、時代の興亡があった。だから自分たちが集まって家族が住んで、そこで自分たちがコミュニティをつくったら放さないというＤＮＡがあるのかもしれません。

佐藤　内村さんの批判に対して、五木さんはどうお考えですか。

五木　僕は引き揚げ者というのは、二つの土地から追放された人々というふうに考えるしかなかったんです。カミュとサルトルが戦後の学生たちの人気を二分してたとき、僕はサルトルよりはカミュの方に共感を持っていました。それは、カミュが引き揚げ者だったからです。

佐藤　アルジェリアからの引き揚げ者ですね。

五木　そうです、アルジェリアから追放されて、フランスに引き揚げてきた。引き揚げてきたら、そこにはブルジョアの国があった。自分はその中に入っていけない。そして懐かしい思い出は、アルジェリアの太陽や空、アルジェリアの海とともにある。だけどそこは、おまえたちはもう来てはいけないと禁じられた土地なんです。

こういう宙ぶらりんの状態で、帰ったホームランドの中では正統的な人間にはなれず、かといって自分の生まれ育った懐かしい土地からは追放されてしまっている。つまり、引き揚げ者というのは宙ぶらりんに引き裂かれた状態である人間のことなんです。だから「エトランジェ」を「異邦人《いほうじん》」と訳すよりは、「引き揚げ者」と訳すべきだというふうに僕は勝手に思っていました。

フランス人は彼らのことをピエ・ノワールと呼んだんですね。ピエ・ノワールというのは要するに、「黒い足」という意味の蔑称です。日本でも当時は「引き揚げ者」という言葉自体、一時期は差別語でした。そういう人間の中から『異邦人』という作品が生まれてくるわけです。

このことからもわかるように、政治と文学は深く結びついています。『異邦人』はまさに二〇世紀的な小説です。世界のあらゆるところに難民がいて、僕は彼らを新しい意味でデラシネという言い方で呼んだつもりです。前にも言ったように、デラシネというのはふわふわと根無し草のように漂う人間のことではなくて、力ずくで居場所を奪われた人のことです。そういった人びとはすべてデラシネです。難民キャンプがあるかぎり、デラシネの時代は続くんですよ。

あとがき

放埒の少年としての佐藤優――五木寛之

職業は？　ときかれて、

「職業は寺山修司」

と答えた寺山修司は、異色の知識人だった。

こういう知識人一般の枠からはみだした教養人を、平安時代には「放埒《ほうらつ》の人」と呼んだ。

馬場で馬を飼うときは、柵をもうけてその中に馬を入れる。その柵のことを埒《らち》といい、そこから放たれることを「放埒」といった。

当時の知識人集団であった貴族社会には、さまざまな約束ごとがあり、きまりがあった。その目に見えない柵を超《こ》えると、「放埒人」とみなされる。親鸞の祖父にあたる日《ひ》野《の》経尹《つねまさ》もその一人だった。異色の知識人で、今様《いまよう》の名手だったという。

そういう異色の知識人を、私はひそかに「異識人《いしきじん》」と呼んできた。私たちの常識をこえた教養人、異星からやってきた知識人というイメージである。たとえばロシア文学者の内村剛介などがそうだ。内村剛介は、ロシア文学者などという枠でくくれない「放埒の思想家」だった。

インテリ、という言葉は、ロシア語からきている。ハルビン学院で学んだ内村剛介は、敗戦後、インテリジェンス活動にたずさわったとして懲役刑を宣告され、シベリアで十一年の収容所生活を送った。帰国後、数多くの文章や詩を発表し、その仕事は全七巻の著作集としてまとめられている（恵雅堂出版／陶山幾朗・編）。

その第七巻の巻末の解説を書いているのが、佐藤優さんである。それを読むと、佐藤さんが東京拘置所の独房生活のなかで、内村剛介の文章によっていかに支えられたかが如実に伝わってくる。「放埒の人」同士の精神の交流は、感動的だ。

「放埒の人」は、ロシア語ではブラトノイという言葉がふさわしい。内村剛介は、このロシアの無頼の徒について、くり返し書いている。そして、それを佐藤優さんは、キリスト教徒もブラトノイの集まりだ、と神学的に読みといた。

いま、佐藤優現象とでも呼べそうな空気が、この列島をおおっているようだ。夜に日をついで猛烈な勢いで原稿を書き、論をくりひろげる。書店の棚は佐藤さんの著作であふれ返っている。

職業は？　ときかれれば、佐藤さんは、ためらうことなく、

「職業は佐藤優」

と、答えるべきだろう。これまでの知識人とは、異相の新しいインチェリゲーンツィアが登場したのだから。

思想と情報、知識と情報は、これまでべつべつの世界だった。佐藤さんのやったことは、知識を情報とし、情報を思想化したことである。その両者をへだてる高い柵を、軽軽と飛びこえたことで、佐藤さんは「放埒の人」となった。ロシアの無頼の徒、ブラトノイの背後には、国家を超える神学の影がある。こんどの対談のなかで、私がしきりと

ラスコーリニキ（分離派・古儀式派）にこだわったのは、ラスコーリニキの本質に、もう一つのロシアの伝統をみるからだ。ソヴェートという言葉にも、「火花《イスクラ》」の刊行にも、ロシアの初期資本主義の発芽にも、放埒のロシアとしてのラスコーリニキの水脈が深くかかわっている。その辺の事情は、佐藤さんは百もご存知だろう。情報を知識とし、知識を思想化する上で、佐藤さんの武器は、そのしたたかな神学の論理であるからだ。

刊行される新刊の本のオビには、ラスプーチンを連想させる佐藤さんの写真がしばしば印刷されている。しかし、実際に向きあって話を進めているときの佐藤さんの瞳は、さながら少年のようなみずみずしさをたたえていた。かつて南満州の広野を曝走《ばくそう》した特急「あじあ」の機関車を連想させるその力走ぶりに、なかば呆れ、なかば感嘆しながらこの文章を書いている。

著者略歴

五木寛之《いつきひろゆき》

一九三二年福岡県生まれ。生後まもなく朝鮮にわたり四七年引き揚げ。五二年早稲田大学露文科入学。五七年中退後、ＰＲ誌編集者、作詞家、ルポライターなどを経て、六六年「さらばモスクワ愚連隊」で小説現代新人賞、六七年「蒼ざめた馬を見よ」で直木賞、七六年『青春の門 筑豊篇』ほかで吉川英治文学賞を受賞。二〇〇二年、菊池寛賞を受賞。『蓮如』『大河の一滴』『他力』『下山の思想』『よみがえるロシア―ロシア・ルネッサンスは可能か?』『ステッセルのピアノ』『戒厳令の夜』、『親鸞』三部作など著書多数。

佐藤　優《さとうまさる》

一九六〇年生まれ。作家・元外務省主任分析官。同志社大学大学院神学研究科修了後、外務省入省。在露日本大使館勤務等を経て、国際情報局分析第一課主任分析官として活躍。二〇〇二年背任等の容疑で逮捕、〇九年上告棄却で懲役二年六カ月（執行猶予四年）の判決が確定。一三年に執行猶予期間を満了し、刑の言い渡しが効力を失う。『国家の罠』（毎日出版文化賞特別賞受賞）、『自壊する帝国』（新潮ドキュメント賞、大宅壮一ノンフィクション賞受賞）、『先生と私』『プラハの憂鬱』など著書多数。

幻冬舎新書 387

異端の人間学

二〇一五年八月五日 第一刷発行

著者 五木寛之＋佐藤優

発行人 見城徹

編集人 志儀保博

発行所 株式会社 幻冬舎

〒一五一-〇〇五一 東京都渋谷区千駄ヶ谷四-九-七

電話 〇三-五四一一-六二一一(編集)

〇三-五四一一-六二二二(営業)

振替 〇〇一二〇-八-七六七六四三

ブックデザイン 鈴木成一デザイン室

印刷・製本所 中央精版印刷株式会社

Printed in Japan ISBN978-4-344-98388-5 C0295

い-5-4

幻冬舎ホームページアドレス http://www.gentosha.co.jp/

＊この本に関するご意見・ご感想をメールでお寄せいただく場合は、comment@gentosha.co.jp まで。

五木寛之
下山の思想

どんなに深い絶望からも、人は起ち上がらざるを得ない。だが敗戦から登頂を果たした今こそ、実り多き明日への「下山」を思い描くべきではないか。人間と国の新たな姿を示す画期的思想!!

五木寛之
新老人の思想

長寿が無条件に幸せで尊ばれる時代は過ぎた。超・老人大国、日本にこれから必要な思想とは?「若年層に頼らない」「相互扶助は同世代で」「単独死を悲劇としない」等、老人階級の自立と独立を説く衝撃の書。

五木寛之　香山リカ
鬱《うつ》の力

迫りくる一億総ウツ時代。うつ病急増、減らない自殺、共同体崩壊など、日本人が直面する心の問題を作家と精神科医が徹底的に語りあう。「鬱」を「明日へのエネルギー」に変える新しい生き方の提案。

手嶋龍一　佐藤優
インテリジェンス 武器なき戦争

経済大国日本は、インテリジェンス大国たる素質を秘めている。日本版NSC・国家安全保障会議の設立より、まず人材育成を目指せ…等、情報大国ニッポンの誕生に向けたインテリジェンス案内書。

幻冬舎新書

幻冬舎新書ゴールド

五木寛之

〈新版〉大河の一滴

人間の一生とは本来、苦しみと絶望の連続である。そう覚悟できたときにこそ、真に生きる希望がわいてくるのだ——。不安と混迷の時代を予言した恐るべき名著が、今あざやかに蘇る。

桜井章一　藤田晋

運を支配する

勝負に必要なのは、運をものにする思考法や習慣である。20年間無敗の雀鬼・桜井氏と、「麻雀最強位」タイトルホルダーの藤田氏が自らの体験をもとに実践的な運のつかみ方を指南。

宮台真司　福山哲郎

民主主義が一度もなかった国・日本

２００９年８月30日の政権交代は革命だった！　長年政治を研究してきた気鋭の社会学者とマニフェスト起草に深く関わった民主党の頭脳が、革命の中身と正体について徹底討議する!!

渡辺将人

分裂するアメリカ

大統領選を前に、アメリカではティーパーティ運動や占拠デモなど、草の根運動が先鋭化している。根源にあるのは政治不信。人種や格差よりも理念の対立で分裂が深化する大国の今を、気鋭の学者が論考。

幻冬舎新書

安達誠司
ユーロの正体
通貨がわかれば、世界が読める

ユーロ破綻は不可避ともいわれているが、「ギリシャは離脱しないし、ユーロも解体しない」と著者。ドイツをはじめとする欧州はデフレ突入、ユーロ高になる可能性もわかる、経済予測の書。

枡野俊明
日本人はなぜ美しいのか

日本の美とは、禅の美だ。「いびつな茶器」「石でできた庭」「一輪だけ挿した花」などを愛でるのは世界でも稀有。禅僧で庭園デザイナーの著者が、日本人は独自の美的感性を持っていると説く。

斎藤環
思春期ポストモダン
成熟はいかにして可能か

メール依存、自傷、解離、ひきこもり……「社会」を前に立ちすくみ確信的に絶望する若者たちに、大人はどんな成熟のモデルを示すべきなのか？　豊富な臨床経験と深い洞察から問う若者問題への処方箋。

香山リカ
弱者はもう救われないのか

拡大する所得格差、階級の断絶……もはや日本だけでなく世界全体で進む「弱者切り捨て」。古今の思想・宗教に弱者救済の絶対的根拠を求め、市場経済と多数決に打ち克つ新しい倫理を模索する、渾身の論考。